KB133458

깊은 밤의 영화관

일러두기

1. 영화, 드라마, 방송, 뮤지컬·연극, 잡지, 웹툰은 홑화살괄호(〈 〉), 단행본은 겹화살괄호(《 》), 문학 작품(단편), 연재 만화, 게임, 음악, 그림은 작은따옴표(' ')로 표기했다.
2. 영화의 제목은 국내 개봉 제목의 표기를 따랐고, 개봉 연도는 국내 개봉일을 기준으로 했다.
3. 고유명사의 외래어 표기는 국립국어원 외래어 표기법을 따랐고, 관례로 굳어진 것은 예외로 두었다.
4. 일부 내용에 스포일러가 포함되어 있다.

깊은 밤의 영화관

각자의 상영관에 불이 켜지는 시간

1판 1쇄 발행 2024년 6월 26일
1판 2쇄 발행 2024년 8월 12일

지은이 이은선
기획·편집 김지수
디자인 [★]규
교정교열 박성숙
제작 미래피앤피

펴낸이 김지수
펴낸곳 클로브
출판등록 제2023-000001호
주소 서울시 중구 세종대로 72 대영빌딩 907호
이메일 clovebooks@naver.com
인스타그램 @clove.books

ISBN 979-11-978805-7-5 03680

깊은 밤의 영화관

각자의 상영관에 불이 켜지는 시간

이은선 지음

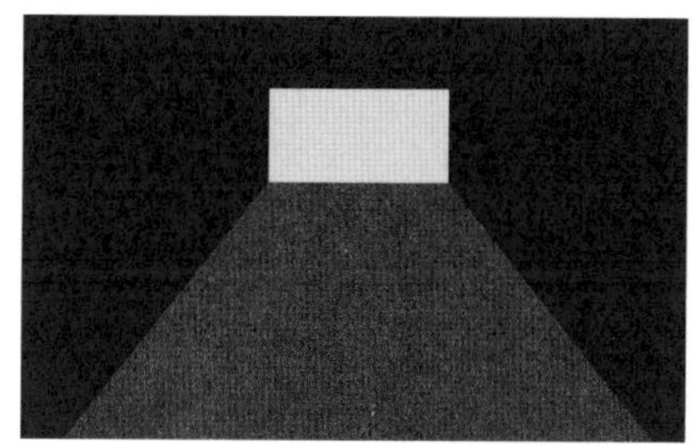

clove

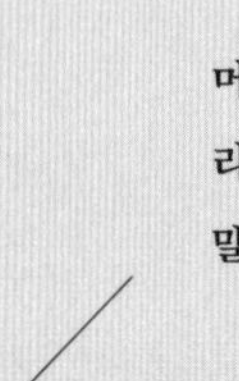

머리말

2022년 개봉한 〈썸머 필름을 타고!〉는 여름 동안 영화 한 편을 완성하기 위한 고교 동아리 부원들의 사랑스러운 분투를 그린다. 또래들 사이에서 명백한 비인기 장르지만, 감독 맨발(이토 마리카)의 취향은 워낙 확고하게 시대극을 향한다.

"이번 여름엔 너희들의 청춘을 내가 좀 쓸게!"

좋아하는 것을 향해 함께 달려가기 위해 각자의 시간을 끌어오겠다는 제안. 자신감 넘치는 고교생 감독의 선언은 건강하고 산뜻하다.

그러나 근미래에서는 그리 평탄하게 서로의 시간을 공유하지 못하는 모양이다. 우연히 맨발의 눈에 띄어 주연 배우의 자리까지 덜컥 꿰찬 린타로(카네코 다이치)의 정체는 알고 보니 미래에서 온 소년. 맨발을 더욱 충격에 빠뜨리는 것은 미래에는 영화가 없다는 린타로의 고백이다. 당연히 극장도 없으며, 존재하는 영상이라고 해봐야 5초짜리가 전부라는 말에 맨발의 상심은 깊어진다. 린타로에 따르면 영화가 사라진 이유는 "사람들이 남의 이야기를 들어줄 시간이 없기 때문"이다. 명랑한 걸 넘어 종종 뻔뻔하게 달려가던 전개에서 이 상상력만큼은 갑자기 현실적으로 그럴싸하다.

아직 오지 않은 미래의 가정은 이따금 진지한 상상이 되곤 했다. 세상에서 영화가 사라진다면 정말로 그렇거나, 아니면 그에 근접한 이유일 가능성이 높지 않을까. 비단 영화만이 아니라 모든 종류의 스토리텔링을 대입해도 별로 어색하진 않다. 나의 오늘이나 당분간의 미래와는 상관없는 누군가의 삶, 어차피 타인의 재능일 뿐인 결과물에 시간을 기꺼이 내어준다는 게 무용한 일로 취급받는 때가 정말로 올지도 모른다. 심지어 짧고 자극적인 영상이 범람하는 오늘날의 어떤 풍경들은 이미 어느 정도 당도해버린 영화의 디스토피아처럼 보인다. 그런데 이런 종류의 냉소는 무엇을 남길까? 언젠가 이야기가 존재하지 않는 세계에서도 우리에게 누군가를 향한 사랑과 끈질긴 인내 같은 것이 발휘될까?

코로나19 팬데믹을 거치는 동안 나는 그 어느 때보다 영화의 긴요함을 고민했다. 더욱 정확하게는 '영화가 내 삶에 흘러들어와 머무는 동안 어떤 유의미한 흔적을 남기는가'라는 고민에 가까웠다. 〈썸머 필름을 타고!〉에서 결국 맨발이 시간을 연결하고 진심을 새길 수 있는 매체로 영화를 확신했듯, 나 역시 그러고 싶은 마음이 컸다. 그건 직업을 떠나 영화를 사랑하는 한 명의 관객으로서 하릴없이 가지게 되는 순수한 간절함이었다.

이 책에서 언급한 56편 모두 2020년 이후 등장한 작품들 중 고른 것은 그 때문이다. 전체 목록은 극장용 영화뿐 아니라 OTT 오리지널, 혹은 국내 OTT 플랫폼을 통해 공개된 해외 드라마까지 시선을 확대해 만들었다. 팬데믹 시기에 숱한 어려움을 감수하며 제작하고 또 공개를 선택한 작품들임을 고려할 때, 남다른 고충을 통과하면서도 근사한 기개를 보여주었다고 본다. 이들 작품은 영화로 대변되는 스토리 매체 자체를 향한 회의감이 수시로 고개를 드는 사이, 그럼에도 여전한 발견의 기쁨과 사색의 통로를 마련해주었다. 아직은 타인과 나를 둘러싼 세계를 보다 넓게 이해해보려는 노력과 시간을 포기하고 싶진 않다는 확신을 쥐여줬다. 좋은 작품을 보는 동안, 각자의 어둠 안에서 일방향의 시선을 두고 있는 우리는, 보다 생생하게 살아 있을 뿐 아니라 긴밀하게 연결되며 함께 세계를 이루고 있다는 고양감에 빠진다.

새로 쓴 것도 있지만 각종 지면과 방송 원고들, 극장에서 해설로 전달한 말들을 추려 정리한 글들을 주로 수록했다. 긴 글의 효용을 고민하며 소셜 미디어에 남기는 단상만큼이나 짧은 글들도 섞는 방식을 시도해보았다. 산만하기보다는 각자의 리듬을 조율하는 데 도움이 되는 구성으로 여겨지길 바란다. 영화에 대한 글과 말이 누군가에게 가닿아 하나의 의미가 된다는 것의 어려움을 잘 안다. 부러 시간을 들여 여기 실린 글들을 찾아준 독자들에게 고마움이 남다를 수밖에 없는 이유다. 퍼즐 조각처럼 흩어진 글과 말을 한데 모아 묶는 것은 쓰고 말하는 사람에게 더없는 행운이다.

영화가 시작되면 극장 안의 불이 꺼진다. 이윽고 한 편의 영화를 온전하게 만난 관객들의 머리 위로 다시 불이 켜지는 순간, 각자의 사유는 시작된다.《깊은 밤의 영화관》은 바로 그 충만한 시간을 상상하며 엮은 기록이다. 부담 없이 페이지를 넘기던 중 어느 대목에서 잠시 멈추어 선 당신의 마음과 깊이 연결되는 글이 단 한 줄이라도 있다면, 그보다 값진 기쁨은 없을 것이다.

2024년 6월

이은선

차
례

2관

사유의 밤
: 나와 당신의 마음들

3관

공상의 밤
: 스크린 너머로의 상상

회복의 밤

1관

연결과 성장의 장면들

나의 가장 친밀하고도 낯선 타인에게

——— **애프터썬**

Aftersun

〈애프터썬〉을 보고 나오자마자 머릿속에 온갖 단어가 두서없이 떠오르다 가라앉기를 반복했다. 문장의 꼴로 대강 정리했을 땐, 이런 거였다. '간절히 이해하고 싶은 마음에서 발화한 상상까지 동원해도 끝내 바닥까지는 가닿을 수 없는, 나의 가장 친밀하고도 어두운 심해의 영역인 당신에 대하여.'

나중에야 알게 되는 것들이 있다. 그때는 미처 이해할 수 없었지만 지금 돌이켜보면 납득 가능하거나 달리 보이는 것들. 낡은 사진첩 속 사진 한 장 같은 것들. 마냥 신났던 것으로만 기억하는 어린 시절의 어느 날, 환하게 웃고 있는 나와 달리 곁에서 손을 잡고 선 내 부모의 표정은 왜 그렇게 슬펐던 걸까.

샬롯 웰스 감독은 자신의 장편 연출 데뷔작에서 유년 시절의 한 물결 조각으로부터 시작해 거대한 파도를 만들어 보이는 솜

씨를 발휘한다. 그는 어린 시절 아빠와 보냈던 여름휴가를 기억하며 쓴 각본이 평범한 소설 같은 구성에서 시작해 점점 더 개인적이고 감정적인 형태로 바뀌어갔음을 고백한다. 20년 전 아버지와 딸이 함께 보낸 여름휴가. 거기엔 숨겨진 이야기가 있다. 그러나 이 영화가 말하는 것이 '과거의 명백한 진실'일 수는 없다. 기억은 주관적이며, 다르게 적힌다. 나아가 영화는 관객이 목격하는 것들 중 어디까지가 기억의 영역인지, 그 주체는 누구인지에 대한 물음으로까지 확대된다.

〈애프터썬〉은 빛바랜 캠코더 영상으로 문을 연다. 스마트폰 시대에는 상상할 수 없는 조악한 화질의 영상이 과거의 시간임을 짐작케 한다. 열한 살 소피(프랭키 코리오)는 아빠 캘럼(폴 메스칼)과 함께 튀르키예에서 여름휴가를 보내는 중이다. 유적지를 관광하고 호텔에서 수영하며 식사를 하는 정도가 전부지만, 부녀는 함께 있는 것만으로도 즐거움이 가득한 상태다. 부모가 이혼한 사연이 곧 드러나지만, 소피는 크게 개의치 않는 것으로 보인다.

어떤 사람들은 두 사람의 관계를 오빠와 여동생으로 착각한다. 그도 그럴 것이 캘럼은 이제 갓 서른 살을 넘긴 사람이다. 그는 어떤 이유에서인지 고향인 스코틀랜드를 떠나 런던에 자리잡기 위해 애쓰고 있다. 사람들이 '어린애'라고 부르는 것이 이제 막 기분 나빠지기 시작한 소피에게 캘럼은 죽이 잘 맞는 친구 같은 존재다. 그러나 순간순간, 소피는 아빠의 얼굴에 스치는 우울함의 그늘도 본다.

평화로운 휴가지의 풍경을 보여주는 듯했던 영화가 조금씩 낯설게 보이는 것은, 부녀간의 따스한 정서적 온도와 부딪히는 장면들이 등장하면서부터다. 이따금씩 영화는 어둠 속에 우두커니 서 있는 한 여성의 모습을 비춘다. 이야기 가운데 불쑥 침입하는 방식이다. 그가 성인이 된 소피라는 것을 짐작하기까지는 얼마간의 시간이 걸린다. 조명이 만드는 섬광 때문에 잘 보이진 않지만, 소피 주변에서 정신없이 춤추는 사람들 사이엔 캘럼도 있다. 어찌 된 일인지 그는 휴가를 함께 보냈던 때로부터 조금도 나이 들지 않은 모습이다. 그에게 다가가지도, 선뜻 손을 내밀지도 못하던 소피는 장면이 반복될수록 조금씩 다른 동작을 취한다. 후반부에는 잠에서 깬 현재의 소피가 캠코더 영상을 보는 모습도 나온다.

모두에게 직관적으로 쉽게 가닿는 방식은 아니다. 이건 대체 무슨 이야기인가. 이 장면들로 영화가 하고자 하는 말은 무엇인가. 보는 순간에는 미처 다 눈치채지 못할 수도 있다. 〈애프터썬〉의 모든 장면에는 일종의 라벨링, 즉 분류가 필요하다. 영화를 구성하는 것은 20년 전 소피와 캘럼이 함께 찍은 캠코더 영상(기록), 그들이 함께 시간을 보내는 과정(기억), 어둠 속 소피와 캘럼(상상), 잠에서 깬 소피의 모습(현재)으로 나뉜다. 과거부터 현재로 이어지는 선형적 흐름을 보여주거나 현재에서 과거를 회상하는 방식의 플래시백을 활용할 수도 있겠지만, 이 영화는 이 모두를 마치 띠처럼 이어 펼쳐 보이는 쪽을 선택한다.

캠코더 영상이 바꾸거나 편집될 수 없는 기록이라면, 아빠와 소피가 함께할 때를 담은 영화의 시선은 소피 관점의 기억이다. 동시에 어떤 장면들은 소피의 상상이 채운 영역처럼 보이기도 한다. 혹은 관객에게만 제시되는 영화적 상상이다. 밤의 파도 속으로 뛰어들고, 서러운 울음을 토해내는 등 소피가 보지 못했던 캘럼의 모습도 등장하기 때문이다. 분명한 건, 열한 살의 소피는 아빠가 어떤 일들을 겪고 있는지 온전히 알지 못했다는 사실이다.

이 영화의 요체는 여름휴가 이후 어떤 이유로 홀로 남겨져야 했던 딸이 손에 쥔 모든 기록과 기억, 그리고 상상까지 동원해 그때의 아빠를 이해하려는 과정이다. "아빠가 열한 살이라면 지금 뭐 할 것 같아?"라고 묻던 어린 시절의 소피에게 캘럼은 우스꽝스러운 춤을 보여주었지만, 이후 지금의 나이가 되기까지 더 많았을 궁금증 앞에서 아빠는 대답해줄 수 없는 존재가 되어버렸다.

아빠를 둘러싼 수많은 질문을 껴안은 채로 그 시절 그의 나이가 된 딸은 평생 기억의 전쟁에서 승기를 잡을 수 없는 애잔한 패잔병이다. 자신의 힘으로는 평생 열 수도 없고 열리지도 않을 단단한 과거의 문 앞에 어린아이의 모습인 채로 남아버린. 성인이 된 소피의 얼굴이 어딘가 텅 비어 보이는 것은 그 때문일 테다. 딸은 가장 친밀하고도 어두운 심해의 영역인 아빠에 대해 끝내 모든 것을 이해할 순 없다. 단호한 인상마저 남기는 마지막 장면이 영원히 바뀌지 않을 그 사실을 대변한다.

그러나 그때의 그와 비슷한 나이가 된 지금, 딸은 자신 앞에서 울며 무너지는 모습을 최선을 다해 감췄을 아빠에게 손을 내밀어 꽉 안을 수는 있다. 이는 자신의 시간을 회복하려는 딸의 몸부림이자, 과거에는 할 수 없었던 진심의 위로다. 결국 〈애프터썬〉은 그 모든 고통에도 불구하고, 모든 순간에 사랑이 있었다고 말하는 영화다.

"우리 자신에게 다시 한번 기회를 줄 순 없을까? 사랑에게 그 마지막 기회를 주는 건 어떨까?"

퀸과 데이비드 보위가 함께 부른 '언더 프레셔(Under Pressure)'의 가사가 강렬한 섬광의 이미지와 함께 흐르는 순간, 이 영화의 진정한 힘이 발휘되기 시작한다. 그리고 극장을 나선 이후 점점 더 짙어지는 감흥은 덮쳐오는 파도와 같다.

간절히 이해하고 싶은
마음에서 발화한 상상까지
동원해도 끝내 바닥까지는
가닿을 수 없는,
나의 가장 친밀하고도
어두운 심해의 영역인
당신에 대하여.

스크린을 통해서는 직접 경험할 수 없음에도 불구하고, 여러 감각 중에서도 촉각이 가장 예민하게 전달되는 영화였다는 점도 계속해서 곱씹어보고 있다. 〈애프터썬〉은 이미 햇볕에 탄 피부에 바르는 크림이다. 앞선 대비보다는 일어난 일의 대처 방안에 필요한 물건이라는 점에서 의미가 있는 제목이다. 기억의 영역에서는 저마다 마땅한 대응법이 필요하다.

—— 컴온 컴온

C'mon C'mon

어쩌면 인생이란 너의 질문과 나의 대답, 나의 질문과 너의 대답으로 채워지는 총합의 우주를 만나는 일. 의문투성이로 남은 과거를 어느 순간 문득 이해하는 일. 내가 나에게 한없이 낯선 타인이었다가 다시 내가 되는 일. 미움을 사랑으로 회복하는 기적, 무한한 외로움, 가늠할 수 없는 미래의 윤곽을 더듬거리는 두려움 사이를 반복해서 오가는 일. 세상에 남겨진 문장들을 읽고 발음하며 의미를 발견하는 일. 누군가의 곁을 지키겠다는 고단한 선택이 감수할 가치가 있었음을 깨닫는 과정. 그러니 그저 c'mon, c'mon, c'mon, c'mon, c'mon, c'mon….

비로소 솔직한 이야기를 쓰기까지

——— **비밀의 언덕**

우리 모두는 명은(문승아)이었던 적이 있다. 부끄러움을 감추려는 유년기의 거짓말은 나의 세계에서 실재하는 것들과 이상향 사이의 불협적 마찰에서 비롯한다. 수치심의 필사적인 제거는 차라리 생존 본능에 가깝다. 동심의 오류에 갇히지 않고 발칙한 욕망도, 불만도, 남들보다 잘해내고 싶은 마음까지 모두 또렷하게 지녔던 시절의 주체로 어린이를 묘사하는 〈비밀의 언덕〉의 능력은 귀하다. 비밀 때문에 생긴 거짓말과 거기에서 파생한 문제들을 어린이 주인공 스스로 수습하도록 나아가는 서사의 흐름은 영화의 가장 중요하고도 아름다운 동력이다. 선택을 맞닥뜨린 모든 순간, 이윽고 자신만의 이야기를 쓰기 전 숨을 크게 들이쉬었던 모든 과정에서 우리 모두는 한 뼘씩 자라왔다.

미숙하고 달뜬 성장통

——— **워터 릴리스**

Naissance des Pieuvres

셀린 시아마 감독의 영화는 인물의 감정과 그들을 둘러싼 상황의 공기를 고스란히 전한다. 서로 다른 성장의 속도를 경험 중인 10대 소녀들의 섹슈얼리티는 뺨에 와닿을 듯 생생한 감각으로 전달된다. 미숙하기에 때론 불온하고, 달뜨기에 잔인한 관계의 정서까지 그 어떤 대상화와 여과 없이 담아내는 감독의 연출은 차라리 타고난 재능이라 불러야 할 것이다. 주요 소재인 싱크로나이즈드는 물 안을 들여다봐야 제대로 알게 되는 스포츠다. 우아한 퍼포먼스가 펼쳐지는 수면 밑, 선수들의 몸은 저마다의 균형을 잡기 위해 격렬히 움직인다. 물 위와 아래의 풍경들은 환희와 상처, 동경과 절망을 온몸으로 뚫고 나가야 하는 성장이라는 과도기를 모자람 없이 은유한다.

✧

나의 가장 작고 사랑하는 친구에게

——— **쁘띠 마망**

Petite Maman

젠더 정체성과 욕망 등을 둘러싸고 나 자신 그리고 관계 맺기에 대해 치열하게 고민하는 소녀들의 세계를 들여다보던 셀린 시아마 감독의 시선은 〈쁘띠 마망〉을 통해 보다 보편적이면서도 넓은 곳으로 향한다. 이 영화가 지닌 반짝이는 비밀은 사랑과 위로를 위한 것이다. 그것은 서로가 서로의 두려움을 이해하는 데서 출발한다. 급작스러운 단절과 상실이 존재하는 팬데믹 시대, 셀린 시아마는 간결한 프로덕션으로 오히려 궁극의 것을 관객의 손과 마음에 쥐여준다. 그것은 너른 여성적 시각 안에서 어린이들의 세계 또한 적극적으로 탐험하고 풍성하게 끌어안으며 시공간, 세대를 뛰어넘는 연대를 성취하는 영화적 마법이다. 관객의 감정보다 앞서나가거나 호도하지 않는 정확한 감동이 그 안에 존재한다.

고통에 직면하는 험하고 아름다운 길

——— 드라이브 마이 카

ドライブ・マイ・カー

일본의 젊은 거장 하마구치 류스케 감독의 〈드라이브 마이 카〉는 무라카미 하루키의 단편소설 몇 편을 원작으로 한다. 표제작은 2014년 국내 출간한 단편소설집 《여자 없는 남자들》 속 동명 작품이며, 전생에 칠성장어였던 한 여성의 이야기를 들려주는 '셰에라자드', 아내의 외도 사실을 알게 된 남자의 이야기 '기노'에서 가져온 설정들이 섞였다.

주인공은 가후쿠(니시지마 히데토시)다. 배우 겸 연출가로 활동하는 그에게는 오토(기시리마 레이카)라는 아내가 있다. 각본가로 일하는 오토는 성행위 중 자기도 모르게 이야기를 만들어내는 습관이 있으며, 가후쿠는 질문을 던지며 그것을 발전시키고 이후 글로 정리하는 역할을 맡는다. 얼마 후 가후쿠는 우연히 아내의 외도 현장을 목격하지만, 애써 모른 체하고 아무것도 묻지 않는다. 그리고 얼마 후 아내는 갑작스럽게 세상을 떠난다.

영화의 시간은 2년 뒤로 이동한다. 한 연극제에 연출가로 초청된 가후쿠는 히로시마로 향한다. 주최 측은 상주 예술가라면 모두 자신들이 추천한 운전기사를 고용해야 한다는 조건을 내건다. 차 안에서는 언제나 생전에 아내가 직접 녹음한 대본의 카세트테이프를 들으며 극의 분위기와 대사를 연구하던 가후쿠에게는 당혹스러운 제안이다. 하지만 그에게 배정된 젊은 여성 운전자 미사키(미우라 토코)는 침착하고 조용한, 무엇보다 운전 실력이 뛰어난 사람이다.

〈드라이브 마이 카〉는 에두르는 마음과 황급히 거두는 시선들에서부터 출발한다. 친밀하게 교환되는 눈 맞춤이 아닌 거울 속에서 엇갈리는 반영 이미지, 분절적인 이야기들이 인물들의 시간을 채우고 있다. 영화는 점차 가후쿠에게 중요한 두 공간, 자동차 내부와 그가 준비하는 연극 무대를 오가며 이야기를 진행한다. 상대에게 직접적으로 가닿지 못한 질문과 스스로 묻어 둔 마음에서 출발한 영화는 점차 인물들로 하여금 자신의 문제와 직면하게 만든다. 그들의 심리는 정면을 주시할 수밖에 없는 두 가지 행위, 연기와 운전의 반복 과정을 통해서 (어떤 의미에서는 강제적으로) 구체화된다. 실은 제대로 상처받았어야 한다는 통감에 이르는 여정. 결국 가후쿠가 탑승하고 미사키가 운전하는

가후쿠가 탑승하고

미사키가 운전하는

자동차의 심리적 종착지는,

정말 알고 싶었지만

동시에 알기를

지속적으로 회피했던

나의 고통과

상대의 허무다.

자동차의 심리적 종착지는, 정말 알고 싶었지만 동시에 알기를 지속적으로 회피했던 나의 고통과 상대의 허무다.

하마구치 류스케는 영화 속 이야기와 실제 세계의 예술을 연결시키는 방식을 즐긴다. 원작이 있는 문학 작품에서 각본이 출발하는 것도 같은 자장 안에 있다. 〈드라이브 마이 카〉에서는 안톤 체호프가 쓴 희곡 '바냐 아저씨'가 그 역할을 한다. 가후쿠는 일본, 한국 등 다양한 국적의 배우들과 연극 작업을 진행한다. 그들이 쓰는 언어 역시 다양하며, 그중 유나(박유림)는 음성 언어가 아닌 수어를 쓴다. 여러 언어를 사용한다는 것은 언어를 초월한 그 너머의 의미를 탐색하는 과정이기도 하다. 상대방의 언어를 온전히 이해하지 못해도 서로의 눈을 보며 감정을 주고받는 배우들의 행위는, 같은 언어를 써도 서로 연결되지 못했던 마음들과 분명한 대구를 이루며 의미를 발생한다.

감독은 예술과 삶을 스토리텔링이라는 공통 영역 안의 것으로 바라보고 있다. 이 영화뿐 아니라 전작 중 하나인 〈아사코〉(2019)에서 언급되는 헨리크 입센의 '들오리'도 마찬가지다. 삶과 예술은 서로의 수수께끼가 되다가도 적극적으로 연결되고, 때론 해답의 실마리가 된다. '바냐 아저씨'의 대사들은 때론 직접적으로 〈드라이브 마이 카〉 속 인물들의 상황을 표현하고,

크게는 그들을 끌어안는 위로가 된다.

"우리는 살아가도록 해요. 운명이 가져다주는 시련을 참고 견디며, 마음의 평화가 없더라도. 그리고 나중에 저세상에 가서 얘기해요. 우린 고통받았다고, 울었다고, 괴로웠다고."

소냐를 연기하는 유나의 수어는 가후쿠의 마음을 품는다.

현실 세계의 예술이 구체적 질료라면, 감독이 바라보는 사회적 상황은 극 전반을 둘러싸고 있는 커다란 은유로 기능한다. 하마구치 류스케의 최근 영화들은 동일본 대지진 이후 사회적 가치와 약속이 깨져버린 일본 사회라는 큰 틀 안에 있다. 최근 몇 년간 그가 만들어내는 영화들은 믿음에 대한 지속적인 탐구의 결과처럼 보인다. 차 안에서 반복적인 일상을 공유하던 가후쿠와 미사키는 서로에게 아직 해소되지 않은 상처가 남아 있음을 알게 된다. 두 사람은 미사키의 고향인 홋카이도로 향해, 폭삭 주저앉은 채 눈에 파묻힌 집터 앞에서 비로소 문제에 직면하는 법을 깨닫는다. 아픔을 안긴 바로 그 재해의 흔적 앞에서, 고통은 승화되기 시작한다.

매번 뒷자리에 탑승하던 가후쿠가 처음으로 운전석 옆에 나란히 앉기를 택한 날, 가후쿠와 미사키는 달리는 차 안에서 담배를 피우다 선루프를 열어 차창 밖으로 손을 뻗는다. 담배를 쥔 두 사람의 손을 비추는 숏은 이 영화에서 가장 벅찬 고양감이 느껴지는 순간이다. 그 어떤 형태의 신체 접촉보다, 말보다 강한 유대감이 두 사람을 묶는다. 연결과 소통. 〈드라이브 마이 카〉는 결국 그것의 가치로 향하는 영화다.

삶이 죽음에게, 죽음이 삶에게

——— 강변의 무코리타

川っぺりムコリッタ

특유의 소소하고 느긋한 분위기 때문인지 오기가미 나오코 감독의 영화에는 치밀한 작품이 아니라는 오해가 늘 따라다니는 것 같다. 하지만 자세히 들여다보면 주제 의식과 이미지의 접합이 단단하고, 제시된 것들은 꼼꼼하게 회수되며, 이야기는 준수한 봉합을 향해 간다. 나의 경우엔 순도 높은 일상성이 중요한 테마가 될 수 있다는 점을 증명하는 창작자의 꾸준함을 높이 사고 싶은 쪽이다. 삶과 밀접하게 붙어 있는 죽음, 두려움을 이기는 작은 기쁨과 일상의 생명력, 인생에서 얻는 두 번째 기회를 말하는 태도가 실은 가장 강인한 것이라고 믿는다.

무코리타 하이츠 사람들이 살아가는 강변에서는 삶이 죽음에게, 죽음이 삶에게 말을 걸어온다. 끊임없는 고통과 그럼에도 찾아오는 사랑의 순간들이 순환하는, 조용하게 격렬한 그 풍경 안에서 여러 번 숨을 크게 들이쉬었다. 영화 속 죽음과 애도의 시간을 통과하며 살아 있음을 느끼는 일은 중요했다. 타인과 연결하고 연결되었던 무수한 찰나는 사람을 살게 한다. 친밀한 침범으로부터 나를 걸어 잠글 것이냐, 빗장을 풀어두는 최소한의 리액션을 할 것이냐에 따라 인생의 풍요는 달라질 것이다.

결기마저 느껴지는 어떤 애도

―― 스즈메의 문단속

すずめの戸締まり

〈스즈메의 문단속〉의 스펙터클은 재난이 일어나는 상황 자체가 아니라 그것을 막으려는 마음에서 나온다. 재난을 도구화하지 않고, 사려 깊은 기억의 영역 안에 끌어다 놓으려는 좋은 안간힘이 느껴지는 영화다. 〈초속5센티미터〉(2007), 〈언어의 정원〉(2013) 등이 상실과 그리움을 서정적으로 표현한 작품이었다면, 〈너의 이름은.〉(2017)으로부터 이어지는 신카이 마코토의 작품은 조금 다른 결로 나아간다. 이별하고 그리워하는 사람들이 아니라, 포기하지 않고 적극적으로 달려가서 누군가를 구하고 끝내 만나는 사람들의 이야기로 바뀐 것이다.

이 모든 작품은 애도에 결코 유효기간이란 없다는 깨달음과 폐허가 된 모든 시공간에 있었던 사람들의 목소리와 일상을 잊지 않으려는 결기와도 같은 태도로 빚어진다. 상상력은 현실이

해주지 못한 것을 실현하는 힘이다. 이제는 들리지 않는 목소리와 사라진 삶의 흔적들을 되살리고 싶은 손끝에서 정성껏 피어난 작화는 그렇게 "잘 다녀와"라는 말에 "다녀왔습니다"라고 화답하고 싶었을 모든 이 앞에 선 문이 되기를 자처한다. 삶의 연속성 안에서 과거로부터 이어지는 모든 시간과 함께 살아가야 하는 이들을 위무하는 영화적 힘에 탄복하고 말았다.

원더풀, 원더풀

——미나리

Minari

"〈미나리〉는 그들만의 언어로 이야기하려고 노력하는 가족의 이야기입니다. 그 언어는 단지 미국이나 어떤 외국의 언어가 아닌 '진심의 언어(Language of Heart)'죠. 저 역시 그 언어를 배우려 노력하고 (자녀 세대에게) 물려주려고 합니다."

제78회 골든 글로브 시상식에서 〈미나리〉가 외국어영화상을 수상한 직후 정이삭 감독이 남긴 수상 소감이다. 앞서 골든 글로브는 후보작들을 발표한 뒤 한 차례 홍역을 치른 바 있다. 대사 대부분이 한국어라는 이유로 〈미나리〉를 외국어영화상 후보에 올렸기 때문이다. 작품상, 각본상 등 주요 후보에서는 모두 제외되면서 미국 안팎에서 '시대착오적'이라는 비판의 중심에 섰다. 감독의 수상 소감은 이러한 상황들을 염두에 둔 발언으로도 보였다.

하지만 그보다 중요한 건 "진심의 언어"라는 감독의 말 그 자체다. 이보다 더 〈미나리〉를 잘 설명할 수 있는 표현은 찾기 어려울 것이다. 미국 아칸소 지역의 광활한 농장. 제대로 된 집도 아닌 트레일러에서 살며 새로운 삶을 일구려는 젊은 부부 제이콥(스티븐 연)과 모니카(한예리) 가족의 사연은 감독의 내면에서 은은하게 차오르는 바로 그 언어로 쓰였다. 척박한 환경 안에서도 함께한다는 것의 의미를 잊지 않으려는 가족의 이야기는, 한국계 미국인 정이삭 감독이 자신의 유년 시절을 바탕으로 만든 영화라는 개인적 사연을 떠나 보편적인 울림이 되어 보는 이의 마음에 가닿는다.

〈미나리〉는 부부의 자녀들 중 막내 데이비드(앨런 킴)의 시선에서 이야기를 풀어간다. 감독의 어린 시절이 반영된 캐릭터다. 부모가 병아리 감별사 일을 하며 채소 농장을 꾸려가는 동안 어린 동생 데이비드를 챙기는 일은 딸 앤(노엘 케이트 조)의 몫이다. 데이비드의 시선을 따라 아칸소로 이주한 가족의 상황을 보여주던 영화의 축이 한 차례 이동하는 건, 남매를 돌보기 위해 한국에서 외할머니 순자(윤여정)가 오면서부터다. 냄새만으로도 엄마 모니카의 눈물샘을 터뜨리는 식재료들을 잔뜩 싸들고 온 이 할머니의 보따리 속에는 미나리 씨앗도 있다. 하지만 어린 데이비드는 쿠키도 구울 줄 모르고, 낯선 '한국 냄새'를 풍기는 순자더러 "할머니는 진짜 할머니 같지 않다"며 삐죽대기 일쑤다. 데이비드의 말마따나 요리에는 관심도 없고 프로 레슬링을 즐겨 보며, 손자를 짓궂게 놀려대는 순자의 캐릭터는 이 영화의 사랑스러운 유머를 담당한다. 그리고 윤여정이라는 배우의 고유한 매력과 맞물려 이후 전 세계를 사로잡기에 이르렀다.

터전을 떠나 낯선 곳에 뿌리내려야 하는 사람들의 삶에 기쁨과 긍정만이 존재할 순 없다. 오히려 거기에는 매일 찾아오는 크고 작은 실패와 점차 익숙해지기에 더욱 깊이 감각되는 두려움이 더 크게 자리한다. 어떻게든 가족에게, 무엇보다 자기 자신에게 성공의 경험을 선사하고 싶은 제이콥의 눈 속에는 그 마음이 각인되어 있다. 곁에서 그를 바라보는 모니카 역시 사랑만으로 가족을 끌어안고 역경을 헤쳐가기에는 쉽지 않음을 절감한다.

하지만 〈미나리〉는 이민자들이 겪는 현실적 고난 가운데에서도 삶의 순간들 속 작은 아름다움들을 놓치지 않고 꽉 움켜쥔 영화다. 말하자면 이 영화는 이미 가족이라는 이름으로 묶여 있지만, 그걸 넘어 '진짜 가족'이 되어가는 사람들의 이야기다. 이민자 가족이 낯선 문화권에서 겪는 정체성의 혼란에 주목하는 대신, 점차 가까워지는 데이비드와 순자의 아기자기한 에피소드와 사소하지만 마음을 울리는 순간들에 대한 묘사에 공을 들인다. 영화의 이러한 상냥하고도 적극적인 의지가 〈미나리〉를 인상적으로 기억하게 한다. 삶을 지탱하는 힘은 결국 그런 순간들로부터 만들어진다는 공감대를 형성하기 때문이다. 아메리칸 드림을 좇아온 한 가족의 역사를 경유해 바라보는 20세기는 그렇게 그리운 냄새, 가족 내 유대와 사랑의 기억들을 소환한다.

"미나리는 잡초처럼 아무 데서나 잘 자라니까 누구든 다 먹을 수 있어. 김치에 넣어 먹고 찌개에도 넣어 먹고 아플 때 약도 되고. 미나리는 원더풀, 원더풀이란다!"

순자의 대사는 미나리처럼 강인한 생명력을 바탕으로 터전에 뿌리내리려는 고단함을 멈추지 않았던, 세상의 모든 이를 향한 근사한 찬사다.

순자의 대사는
미나리처럼
강인한 생명력을 바탕으로
터전에 뿌리내리려는
고단함을 멈추지 않았던,
세상의 모든 이를 향한
근사한 찬사다.

삶이 폐허일 때 나눌 수 있는 우정의 몫

——나의 올드 오크

The Old Oak

나눌 것이라고는 슬픔과 두려움뿐인 사람들 사이에 우정이 싹 틀 수 있을까? 〈나의 올드 오크〉는 세계적 거장 켄 로치 감독이 자신의 머릿속에 떠오른 질문에, 스스로 영화로서 성심껏 답한 작품이다. 감독의 공식 은퇴작이기도 하다. 1960년대부터 창작 활동을 이어오며 노동자들의 현실과 노동 시장의 비인간성을 꼬집었던 '블루칼라 시인'의 마지막 인사는, 모든 혐오와 차별에 맞서는 힘으로 향한다. 저항과 연대. 〈나의 올드 오크〉를 보고 나면, 이상적이지만 낡은 구호처럼 들리는 이 가치를 다시 한번 믿고 싶어진다.

영국 북동부의 한 폐광촌. 쇠락한 마을의 터줏대감 격인 펍 '올드 오크'를 운영하는 TJ(데이브 터너)는 강아지 마라가 유일한 가족인 남자다. 어느 날 시리아 난민을 가득 실은 버스가 마을로

들어오고, 여기엔 사진작가가 꿈인 소녀 야라(에블라 마리)도 있다. 주민들은 난민을 향한 적대감을 숨기지 않는다. 대놓고 표현하는가 하면, 짐짓 아닌 체하면서도 은근히 불안과 혐오를 드러내는 이들도 있다. 할 수 있는 선에서 선의를 베푸는 TJ 같은 주민은 소수다.

가장 강경한 집단은 올드 오크의 단골이자 TJ와 오래도록 유대를 쌓았던 친구들이다. 히잡을 쓴 여성들을 "두건 대가리"라고 비하하거나, "마을에 받아줘 봐야 저들은 모스크(이슬람교 사원)나 지을 것"이라고 빈정대는 것은 예사다. 이들은 사정도 정확히 모르는 사람들이 소셜 미디어를 통해 자신 같은 사람을 인종 차별주의자라 언급한다며 불쾌감만 드러내기 바쁘다. 그사이 TJ와 일부 주민들은 묵묵하게 야라와 그의 가족, 난민 공동체를 돕는 활동을 이어간다.

〈나의 올드 오크〉는 켄 로치 감독의 '영국 북동부 3부작'을 마무리하는 작품이다. 앞서 〈나, 다니엘 블레이크〉(2016)는 복지의 사각지대와 관료적 절차로 신음하는 노동자, 〈미안해요, 리키〉(2019)는 임시직 선호 경제의 비인간적 노동 시스템을 주목했다. 〈칼라 송〉(1998) 이후 켄 로치 감독과 다수의 작품을 함께 작업한 인권 변호사 출신 작가 폴 래버티가 이번에도 각본을 담당했다. 촬영 전 실제 광산 마을이었던 영국 머튼과 호덴, 이징턴 등을 답사하며 거주민들을 취재한 이들은 방치된 지역사회를 배경으로 각기 다른 트라우마를 안은 공동체의 이야기를 구상하기 시작했다. 극의 배경인 2016년은 영국에 시리아 난민들이 처음 이주한 때다.

마을 사람들과 시리아 난민들의 구체적 상황은 서로 다르지만, 삶의 방식이 통째로 뿌리 뽑힌 이들이라는 점에서는 같다. 한쪽은 과거의 번영이 사라지고 쇠락하면서, 다른 한쪽은 당장 매일의 생존을 위협당하는 전쟁 때문에 삶이 폐허로 변모했다. 폭력적인 방식이긴 해도 마을의 강경파 입장이 아예 이해되지 않는 것도 아니다. 당장 자신들의 공동체 안에도 살아갈 방법이 묘연하고 빈곤에 신음하는 이들이 넘쳐나는 와중에, 난민의 처지까지 고려하는 일은 현실적으로 쉽지 않을 것이기 때문이다.

모두가 더욱 힘겨운 것은 희망 때문이다. 나아지는 속도보다 나빠지는 속도가 몇 곱절은 더 빠르게 불어날 때, 희망을 발견하기 위한 용기나 연대 그리고 저항 같은 단어들은 외칠수록 옹색해지고 빛이 바랜다. 잔인하게도 희망은 그것이 가장 간절했던 사람부터 순서대로 그 가능성을 재빠르게 빼앗는 것처럼 보인다. 연대와 저항의 가치를 믿거나 실행해보지 않은 사람보다 이미 다 경험한 뒤 상처받은 사람들의 냉소와 두려움은 더 크고 두

터울 수밖에 없다. 전쟁과 질병과 빈곤, 범죄와 재해 중 그 어느 것도 해결할 수 없을 것 같은 사이 공동체는 와해되고 개인은 고독해진다. "잘될 거야"라는 서로의 위로에도 불구하고 "평생 잘 되려고 애썼지만 근처에도 못 가는" 기분만 느껴야 하는 생애. 희망은 원망스럽고 거추장스럽다.

그럼에도 〈나의 올드 오크〉 속 현명한 이들은 고통 끝에 찾아올 희망을 믿는다. 일상과 공동체를 재건하고, 혐오 대신 우정을 발휘하는 일은 쉽지 않지만 방법이 아예 없는 것은 아니다. 가장 풍족하고 강한 자가 발휘하는 힘으로만 가능한 것도 아니다. TJ와 야라는 약간의 토양을 다져두면 다시 폭격을 맞아 폐허가 되는 과정의 연속에서, 의심하고 흔들리면서도 다시 흙을 그러모으듯 내일을 다지려는 사람들이다. 짧지만 지속적인 절망들을 품은 채 조금씩 회복하려는 노력만이 희망이라 부를 수 있는 그 무엇일지 모른다.

모든 것은 올드 오크 안쪽, 오래도록 단단히 걸어 잠가둔 연회장의 문이 활짝 열리면서 시작된다. 과거 마을의 광부와 가족들은 이곳에서 함께 모여 밥을 먹고 권리를 주장하기 위한 집회를 준비했다. "굶주림은 없을 것이다", "우리는 함께 먹을 때 더 단단해진다" 같은 집단적 힘을 촉구하는 표어와 사진이 붙은 연회장은 영광과 승리와 연대의 기억이 있는 공간이다. 우연히 사춘기 딸들의 문제로 고민하는 마을 주민들의 이야기를 들은 야라는, 집 안에 고립된 시리아 난민들과 어려운 주민들 모두가 모여 함께 밥을 먹자는 아이디어를 낸다.

"말 대신 음식이 필요한 순간이 있어요."

전쟁을 피해 당도한 이들이 새로운 분쟁을 치르기 바쁘던 마을은 이제 올드 오크를 중심으로 조금씩 화합의 장으로 변모한다. 영화를 통해 켄 로치 감독이 제안하는 우정의 기본 방식은 이렇게 허기짐을 채우는 것에 있다. 실제로 제대로 음식을 먹지 못해 느끼는 허기도 있지만, 고립되어 고독하게 침잠되어 간다는 심리적 허기도 문제다. 음식을 나누고 서로의 안부를 묻는 것. 이는 공동체가 이룰 수 있는 최소한의 연대다.

이후 모종의 음모로 연회장의 문이 다시 닫히기도 하고, TJ 역시 마음을 크게 다치는 일이 일어나기도 한다. 노력이 수포로 돌아가는 것. 어쩌면 이것이 더 현실에 가까운 풍경이다. 다만 〈나의 올드 오크〉는 그 안에서 당장의 화합까진 어렵더라도 약자들끼리의 또 다른 갈등이 필요치 않다는 사실을 정확히 지적한다.

"삶이 힘들 때 우린 희생양을 찾아. 절대 위는 보지 않고 아래만 보면서 우리보다 약자를 비난해. 언제나 그들을 탓해. 약자의 얼굴에 낙인을 찍는 게 더 쉬우니까."

TJ의 대사는 불필요한 갈등과 혐오가 있는 풍경을 가로지른다.

다시 처음의 질문으로 돌아가본다. 나눌 것이라고는 슬픔과 두려움뿐인 사람들 사이에 우정이 싹틀 수 있을까? 연대와 공동체의 회복은 이상적이지만 낡은 구호에 불과할까?

각자의 집에서 문을 걸어 잠그고 실체 없는 혐오를 만들던 〈나의 올드 오크〉 속 사람들은 분명 조금씩 달라졌다. 안부를 물었고, 서로의 공간을 공유했으며, 함께 모여 식사를 했다. 그것은 분명 이전보다 열린 경험이다.

영화의 마지막 장면은 이를 분명히 한다. 야라의 아버지가 결국 시리아 감옥에서 사망했다는 소식이 알려지고, 가족들은 큰 슬픔에 잠겨 장례식을 준비한다. 이때 비보를 들은 마을 사람들은 하나둘 야라의 집으로 모여든다. 이들 사이에 거창한 말은 없지만, 온기는 분명히 존재한다.

마을 사람들은 야라의 집 앞에 꽃과 초를 둔다. 1980년대에 다 같이 깃발을 들고 행진했던 광부의 축제가 아니라, 시리아 난민의 슬픔을 위로하기 위해서. 함께 밥을 먹던 연회장의 문은 다시 닫혔지만, 이들에게는 특정 공간을 넘어선 공통의 장소가 생긴 것처럼 보인다. 함께 살아간다는 것의 의미 그 자체로써 말이다.

켄 로치 감독은 교훈적이지만 교조적이진 않고, 장황한 대신 간결한 영화를 만들어 올 수 있었던 비결로 딱 한 가지를 꼽는다.

"언제나 그랬듯이 경청하고 배웠다."

평생 세상이 나아지기를 소망하며 영화를 만들지만 내내 나빠지기만 하는 세상 속에서 지치지 않고 작업을 지속해온 거장의 비결이다. 해야 할 이야기에 귀 기울인다는 것. 단순한 친구의 의미를 넘어 서로에게 힘이 되고 지키는 관계를 뜻하는 광부의 언어 '마라(Marra)'가, 그가 생각하는 영화와 세계의 관계일 것이다.

켄 로치 감독은
교훈적이지만
교조적이진 않고,
장황한 대신 간결한 영화를
만들어 올 수 있었던 비결로
딱 한 가지를 꼽는다.
"언제나 그렇듯이
경청하고 배웠다."

사랑이 우릴 구원할지도

——— **본즈 앤 올**

Bones and All

이 영화의 카니발리즘을 기괴한 소재로만 치부하기에는 충분치 않다. 이는 평범한 미래를 꿈꿀 수 없고 스스로 혐오하기를 멈출 수 없는 모든 이의 사연을 은유한다. 머물지 못하는 떠돌이들의 이야기는 로드무비의 형식과 탁월하게 조응할 수밖에 없으며, 자신의 선택이 아닌 타고난 조건에서 벗어날 수 없는 운명을 부여받은 존재들이라는 점에서 작품이 품은 비극성과 고독의 농도는 남다르다. 타인에게 이해받을 수 없는 욕망, 거부할 수 없이 육박해오는 감정을 다루는 루카 구아다니노 감독의 특기는 정체성과 삶의 방식을 택하는 성장 서사이기도 한 이 영화에서 역시 빛을 발한다. 일견 잔혹한 핏빛 이미지 속, 살과 뼈 아래 생생하게 뛰는 심장의 박동을 감각하게 하는 영화. 그 움직임이 사랑을 향하고 있음을, 결국 사랑이 모든 고통으로부터 우리를 구원할지 모른다는 순진함을 다시 한번 믿고 싶어진다. 이것은 궁극의 멜로다.

거창한 꿈이 없는 삶일지라도

——— 소울

SOUL

많은 이가 꿈을 찾고 싶어 한다. 때로 그것은 인생 전체를 걸어야 하는 과정이며, 살아가는 의미 그 자체가 되기도 한다. 운 좋게 이미 꿈을 찾아, 뚜렷한 목표를 세우고 흔들림 없이 달려가려는 자세는 대부분의 경우 긍정적 평가를 받는다. 하지만 반대의 경우라면 어떨까. 생각만 해도 가슴이 뛰는 꿈이 없다면, 이렇다 할 목표를 찾을 수 없다면 무의미한 삶일까? 디즈니·픽사의 스물세 번째 작품 〈소울〉이 던지는 질문이다. 아이뿐 아니라 '어른들을 위한 애니메이션'을 만들어온 픽사 스튜디오가 또 한 편의 걸작을 내놨다.

디즈니·픽사 애니메이터들의 상상력은 아마도 무한대의 영역에 있을 것이다. 그렇지 않고서야 매 작품이 이토록 놀라움의 연속일 순 없다. 상상력의 '한계 없음'은 전작들에서도 이미 잘

드러난다. 기쁨과 슬픔 등 감정에 인격을 부여한 〈인사이드 아웃〉(2015), 죽음과 사후 세계에 대한 가슴 뭉클한 상상을 펼친 〈코코〉(2017) 등이 바로 그 증거다. 〈소울〉은 특히 이 두 작품의 장점을 조합, 새롭게 파생해낸 결과물로 보인다. 추상적인 개념들을 생생한 캐릭터와 풍경으로 보여준다는 점에서는 〈인사이드 아웃〉과, 사후세계와 전생 같은 죽음을 둘러싼 또 다른 차원을 배경 삼는 이야기라는 점에서는 〈코코〉와 닮았다.

뉴욕의 한 학교에서 음악 선생님으로 일하는 조(제이미 폭스)에게 인생 최고의 날이 찾아온다. 재즈 뮤지션을 꿈꾸는 그가 평생 꿈의 무대로 생각해온 클럽에서 공연할 기회가 생긴 것이다. 하지만 기쁨도 잠시, 조는 예기치 못한 사고로 영혼이 된다. 그가 당도한 곳은 지구에서의 삶을 마치고 온 이들이 향하는 '머나먼 저 세상'과, 아직 삶을 시작하지 않은 꼬마 영혼들이 태어나기 전에 머무는 '유 세미나'가 공존하는 세계다. 얼떨결에 유 세미나로 떨어진 조는 꼬마 영혼들이 고유의 성격을 갖추고 태어날 준비를 돕는 멘토가 된다. 그와 짝이 된 멘티는 22(티나 페이). 그간 숱한 멘토링에도 불구하고 태어나야 할 이유를 찾지 못한 시니컬한 영혼이다. 어떻게든 돌아가야 하는 조와 절대 지구에 가고 싶지 않은 22. 둘은 지구 통행증을 놓고 모종의 거래를 하고, 계획대로 모험을 시작한다.

피트 닥터 감독은 지금은 스물세 살이 된 그의 아들을 보며 〈소울〉의 아이디어를 떠올렸다. 아들이 처음부터 그만의 고유한 성격을 가지고 태어난 듯 보였다는 것이다.

"과연 그게 어디에서 왔는지 궁금증을 가지고 아이를 지켜보다가, 사람은 저마다 고유하고 구체적인 자아의식을 가지고 태어나는 게 아닐까 하는 생각이 들었다."

세상에 오기 전 각 영혼이 자신만의 성격을 구축하는 별도의 세계가 존재한다는 〈소울〉의 상상력은 그렇게 탄생했다.

스토리텔링만 기발한 것이 아니다. 애니메이션의 표현력에 한계란 존재하지 않는다. 추상적이고 부드러운 이미지인 영혼들의 세계, 실제 풍경을 그대로 가져다 놓은 듯 분주하고 사실적인 뉴욕의 거리를 오가며 펼쳐지는 조와 22의 모험은 그 자체로 충만한 시각적 재미를 선사한다.

제목인 〈소울〉은 이중적 의미를 지닌다. 영혼이라는 뜻이기도 하고, 조가 심취한 재즈에 담긴 본질이기도 하다. 조는 디즈니·픽사 애니메이션 주인공 중 최초의 40대 흑인 남성이다. 영화 전반에는 미국 흑인 음악에 뿌리를 둔 재즈가 중심에 놓이고, 흑인 커뮤니티의 묘사 또한 현실감 있게 표현된다. 단순히 주인공의 인종만 흑인으로 설정한 것이 아니라 문화를 이해하고 정서를 보여주려는 시도라는 점에서, 〈소울〉은 그간 디즈니·픽사가 꾸준하게 시도해온 문화적 다양성의 측면에서도 합격점을 받는 작품이다.

즉흥성과 자유로운 변주가 특징인 재즈는 '세상을 사는 방법에는 정석도, 틀린 것도 없다'는 은유로 읽힌다. 조와 22의 모험은 서로가 결국 그것을 깨닫는 과정이다. 유 세미나에서 성격을 획득한 꼬마 영혼들은 마지막 단계에서 열정이나 꿈에 해당하는 '불꽃'을 찾아야 한다. 지구에 태어날 수 있는 자격은 불꽃을 찾아야만 비로소 생긴다. "음악은 단순히 꿈이 아닌 삶의 이유"라 말하는 열정 넘치는 조와, 살아보기 자체를 거부하는 시니컬한 22가 사사건건 부딪히는 이유다.

그러던 22가 달라지는 건 우연히 조의 몸에 들어가 인간의 삶을 잠시 경험해본 뒤부터다. 거창한 꿈과 목표를 찾을 수 없어 태어나는 것에 회의적이던 22는, 피자를 처음 맛본 때와 트롬본 연주에 집중하는 소녀의 모습을 바라보던 순간, 단풍나무 씨앗이 손바닥으로 떨어지던 순간 등 일상의 풍경에서 삶의 의미를 발견한다.

그런 22를 바라보던 조에게도 변화가 일어난다. 우여곡절 끝에 꿈의 무대를 성공적으로 마친 조의 얼굴은 생각보다 밝지 않

22와 함께한
모험을 거치며
조가 새삼 깨닫는 것은
'지금, 여기'의 가치다.

다. “평생 오늘만을 기다렸는데, 기분이 상상했던 것과는 다르다”라고 말하는 그의 표정은 허무해 보이기까지 한다. 〈소울〉은 누군가가 일생 동안 하나의 목표를 향해 달려 결승점에 도달하는 것이 해피엔딩이라고 말하는 영화가 아니다. 오히려 한발 더 나아가, 도달점 이후에 무엇이 있는지를 묻는 작품이다.

22와 함께한 모험을 거치며 조가 새삼 깨닫는 것은 ‘지금, 여기’의 가치다. 자전거를 타고 달리며 맡는 바람의 냄새, 가족의 사랑이 깃든 물건, 나뭇잎 사이로 비치는 햇살의 아름다움, 발에 바닷물이 닿을 때의 감촉. 조는 삶을 진정으로 풍요롭게 만드는 가치가 바로 그런 사소한 것들로부터 빚어졌음을 발견한다.

〈소울〉은 모두가 인정할 만한 재능과 성취만이 우리의 존재 가치는 아니라고, 인생에 뚜렷한 목적이 있어야만 삶이 아름다운 것은 아니라고 말한다. 매 순간 눈앞의 삶을 즐기라는, 평범하지만 값진 조언은 전염병에 잠식돼 일상을 잠시 빼앗겼던 시대로부터 날아온 애정 어린 메시지다. 마침 〈소울〉은 코로나19로 인해 한자리에 모이지 못한 디즈니·픽사의 애니메이터들이 완성한 첫 번째 ‘재택근무 애니메이션’이기도 하다.

이토록 내향적인 여행

——— 박하경 여행기

하루 일과를 벗어나 조금은 다른 공기를 가르는 기분으로 진입해보는 시공간에서는, 멋쩍음과 두려움을 비집고 나오는 작은 기쁨을 발견하게 된다. 〈박하경 여행기〉는 여행의 판타지를 부추기는 대신 익숙지 않은 그 자극을 위해서는 약간의 씁쓸함이 필연적으로 동반되어야 한다는 것을 잊지 않는 이야기다. 오랜 계획보다는 순간의 선택으로 빚어진 우연성과 작은 요행들에 기대는 하루짜리 여행기. 그건 때로 가장 나답지만 동시에 가장 멀게 느껴졌던 내 안의 존재를 마주하게 한다. 요란하지 않을뿐더러 내성적이기까지 한 이 여정은 비단 박하경뿐만 아니라 누군가들의 마음과 닮아 있다. 긴 도피 대신 잠깐 웅크리고 싶은 사람, 재능의 유무와 상관없이 포기라는 선택지가 없는 사람, 사소하게 좋아하는 것을 위해 온전히 시간을 써보고 싶은 사람, 정지된 과거와 막연한 미래를 응시하는 대신 현재에 충실하고 싶은 사람. 그 모두가 저마다의 간절함을 실어 내민 손끝에 다정하게 화답하고 싶어졌다.

"으라파 라구라구!"

열정을 전염시키는 마법

——— 틱, 틱... 붐!

tick, tick... BOOM!

전 세계적으로 성공을 거둔 뮤지컬 영화 〈라라랜드〉(2016)는 원작이 따로 없는 오리지널 각본 작품이다. 영화의 문이 열리면 미국 LA의 꽉 막힌 고가 도로 위에 서 있던 차들에서 사람들이 하나둘씩 노래를 부르며 내리기 시작한다. 이내 거대한 하나의 무대로 변했던 도로는 노래가 끝나자마자 다시 아무 일도 없었다는 듯이 원래의 모습을 되찾는다.

첫 번째 뮤직 넘버인 '어나더 데이 오브 선(Another Day of Sun)'이 장식하는 이 오프닝 시퀀스는 지금이야 영화 팬들이 인상적으로 기억하는 장면이 됐지만, 제작 과정의 감독 입장에서는 나름의 배려였다고 한다. 데미언 셔젤 감독은 영화의 문이 열리자마자 무조건 뮤지컬 시퀀스가 시작돼야 한다고 판단했다. 극장에 찾아온 관객들 중 뮤지컬 영화를 선호하지 않는 관객이 관람을 포기하고 나갈 시간을 주기 위해서였다.

성공한 영화의 흥미로운 비하인드 같지만, 2000년대 들어 뮤지컬 영화는 그만큼 관객의 호의적 반응과 흥행을 담보하기 어려운 장르였다. 하지만 이 영화의 성공 이후 판도가 조금 바뀐 모양새다. 오리지널 각본 뮤지컬 영화들의 제작 편수가 늘어났고, 브로드웨이에서 성공한 뮤지컬이 스크린으로 옮겨지는 사례 역시 많아졌다. 2021년 11월만 해도 브로드웨이 뮤지컬 원작 영화 〈틱, 틱... 붐!〉(이하 〈틱틱붐〉)과 〈디어 에반 핸슨〉이 개봉했고, 12월에는 스티븐 스필버그가 연출한 〈웨스트 사이드 스토리〉가 찾아왔다.

극장 선 개봉 후 넷플릭스에서 공개된 〈틱틱붐〉은 여러모로 인상적이다. 무대에서 공연한 원작이 스크린으로 옮겨질 때의 강점들이 탁월하게 살아 있는 작품이기 때문이다. 2001년 브로드웨이에서 초연한 이 작품은 조너선 라슨이라는 전설적 인물의 자전적 이야기다. 인기 뮤지컬 〈렌트〉를 만든 바로 그 작곡가다. 〈틱틱붐〉의 전신은 1990년 조너선 라슨이 솔로 공연으로 시작한 〈보호 데이즈(Boho Days)〉다. 당시로서는 생소한 형태였던, 록 음악을 베이스로 한 독백 공연은 프로듀서 제프리 셀러의 눈에 들면서 빛을 보기 시작한다.

이후 〈틱틱붐〉으로 이름을 바꾼 이 작품은 극작가 데이비드

어번의 손을 거쳐 3인조 공연으로 재탄생한다. 단 세 명이 펼치는 공연인 만큼 일반적인 뮤지컬과는 분위기가 사뭇 다르다. 워크숍에서 이 작품을 처음 선보일 때 조너선 라슨은 직접 피아노를 치면서 공연을 올렸다. 무대 장치가 화려하게 바뀌거나, 눈을 사로잡는 앙상블들의 풍성한 쇼는 없다. 오히려 연극적 색채가 도드라지는 작품이다.

영화로 새롭게 탄생한 〈틱틱붐〉은 상황이 다르다. 조너선 라슨의 워크숍 공연을 재연함과 동시에, 백스테이지와 그 너머까지 무대를 확장한다. 공연의 뮤직 넘버 한 곡이 탄생하기까지 그에게 영향을 준 사건들을 앞뒤로 전부 체험하게 하는 시도인 것이다. 무대 위에서 피아노를 치며 독백하듯 노래를 시작하는 존(앤드류 가필드)의 모습에서 시작해 그가 일하는 식당과 살고 있는 작은 아파트로 확장되는 영화의 첫 장면부터 이 강점은 바로 살아난다.

배경은 1990년, 존의 서른 살 생일이 일주일 앞으로 다가온 시점이다. 그는 인생을 통째로 뮤지컬에 바쳤을 만큼 열정적인 사람이지만 현실은 녹록지 않다. 식당에서 아르바이트를 하며 근근이 생활을 이어나가고 있으며, 작품을 선보일 기회는 여전히 요원하다. 그는 워크숍 공연으로 준비하고 있는 〈수퍼비아〉

에 온 신경이 집중된 상태다. 워크숍에서 좋은 평가를 받아야, 브로드웨이 공연 기회를 잡을 수 있기 때문이다. 공연은 코앞으로 다가왔지만 존은 곡을 쓰지 못해 괴로워한다. 유망한 댄서인 여자 친구 수잔(알렉산드라 쉽)이 함께 뉴욕을 떠나자고 제안하지만 존은 답을 내릴 수 없고, 그사이 뮤지컬 대신 현실을 택한 친구 마이클(로빈 드 지저스)과의 삶의 격차는 벌어져만 간다. 〈틱틱붐〉이라는 제목은 시한폭탄의 그것처럼 흐르는 시간을 초조하게 느끼던 존의 머릿속 소리를 의성어로 옮긴 것이다.

영화의 연출을 맡은 린-마누엘 미란다는 브로드웨이 인기 뮤지컬 〈인 더 하이츠〉와 〈해밀턴〉으로 주목받은 작가다. 무대의 작동 원리를 이해하는 연출가가 메가폰을 잡은 만큼, 영화 전반에서 작품에 대한 높은 이해도가 느껴진다. 원작 〈틱틱붐〉뿐 아니라 조너선 라슨의 다른 습작들에서도 가져와 한층 풍성하게 엮은 뮤직 넘버의 활용은 더없이 흥미롭다. 특히 실제 공연에서는 볼 수 없었던, 조너선 라슨이 꿈을 키웠던 그의 공간들을 충실하게 보여준다는 점도 인상적이다. 평소 화재로 모든 것을 잃을까 봐 두려워했다는 라슨이 꼼꼼하게 기록해둔 영상 기록 덕분에 가능한 재연이었다.

영화화가 무리한 확장과 변형이라는 생각은 들지 않는다. 영화는 라슨이라는 열정적 인물에게서 포착해야 했던 본질들을 정확히 꿰뚫고 있다. 그에게 뮤지컬이 어떤 꿈이었는지, 그를 둘러싸고 있던 1990년 뉴욕의 풍경은 어땠는지를 총체적으로 묘사한다. 미래를 보장받지 못하는 예술가들, 에이즈에 신음하는 청춘들, 동전의 양면처럼 붙어 있는 좌절과 기회. 결국 그 모두를 흡수한 라슨이 후에 〈렌트〉라는 걸작을 내놓을 수밖에 없었다는 흐름을 자연스럽게 이해시킨다. 그리고 알려졌듯, 조너선 라슨은 〈렌트〉의 시사회 전날 서른다섯 살의 나이로 급작스럽게 사망했다.

자신을 움직이는 감정이 두려움인지 사랑인지, 안전한 새장과 불안한 날개 중 무엇을 택할 것인지 끊임없이 고민했던 그의 열정은 가성비와 기회비용 같은 단어들이 더 손쉽게 사람들의 마음으로 파고드는 시대에 발휘되는 마법처럼 보인다. 꿈을 좇는다는 순수한 기쁨, 좋아하는 일에 몰입한다는 것의 가치를 생각하게 한다. 타인의 열정은 전염성이 강하다. 우리가 끊임없이 누군가의 열정적이었던 인생을 복기해보려는 이유는 그래서일 것이다.

〈소셜 네트워크〉(2010), 〈네버 렛 미 고〉(2011), 〈어메이징 스파이더맨〉 시리즈(2012~2014), 〈사일런스〉(2017) 등에서 깊게 내면화되거나 고뇌하는 영웅을 주로 연기해온 앤드류 가필드가 어린아이같이 순수한 열정을 감추지 못하는 조너선 라슨을 연

타인의 열정은
전염성이 강하다.
우리가 끊임없이 누군가의
열정적이었던 인생을
복기해보려는 이유는
그래서일 것이다.

기한다는 점도 인상적이다. 그는 조너선 라슨을 일컬어 "가슴이 뛰고 창의력이 폭발하는 순수한 상상의 땅에 사는 사람, 예술과 사랑과 영혼을 위한 전사"였다고 말한다. 모든 사람이 자신의 삶 안에서 특별한 음표를 가질 수 있다는 것, 모든 확률이 불리하더라도 좋아하는 일을 하고 있다면 거기엔 분명한 가치가 있다는 것. 영원히 청년의 모습으로 기억될 조너선 라슨과 〈틱틱붐〉이 전하는 힘 있는 메시지다.

전설이 귀환할 때

—— 더 퍼스트 슬램덩크

The First Slam Dunk

마침내, 전설이 귀환했다. 1996년 연재 종료를 알렸던 원작의 마지막 책장이 스크린에서 다시 넘겨진 것이다. 〈더 퍼스트 슬램덩크〉는 지금껏 한 번도 다뤄지지 않았던 '슬램덩크'의 이야기를 담은 극장판 애니메이션이다. 추억은 거들 뿐, 새로운 기록이 시작됐다.

1990년대는 농구의 시대였다. NBA와 마이클 조던 그리고 '슬램덩크'가 있었다. 이노우에 다케히코가 1990년부터 1996년까지 〈주간 소년 점프(슈에이샤)〉에 연재한 '슬램덩크'는 한국과 일본의 농구 신드롬을 이끈 주역이었다. 나아가 이 작품은 하나의 문화 현상에 가까웠다. 전 세계 1억 2000만 부라는 판매량부터가 증명한다. 지지부진한 연재 대신 과감한 종료를 선택한 것도 '슬램덩크'를 20세기의 전설로 만드는 데 일조했다.

〈더 퍼스트 슬램덩크〉는 원작자 이노우에 다케히코가 직접 각본을 쓰고 연출한 작품이다. 그가 처음 극장판 연출 제안을 받은 것은 2000년대 초반. 10년이 훌쩍 지난 2014년에서야 이를 수락하고 제작에 착수한 이유는 파일럿 영상의 수준이 그제야 그의 성에 찼기 때문이다. 이번 극장판을 만들면서 작가에게 가장 중요했던 것은 "내가 납득할 수 있어야 관객들에게 좋은 작품이 될 것"이라는 믿음이었다.

26년 만에 돌아온 〈더 퍼스트 슬램덩크〉는 정공법을 택한다. 새로운 에피소드를 선보이는 대신 원작의 정수, 가장 '슬램덩크다운 순간'을 다시 불러오기를 택한 것이다. 영화는 원작의 대미를 장식한 북산고와 전국 최강 산왕공고의 인터하이 32강전을 스크린에 재현한다. 그간 TV 애니메이션 등에서도 다룬 적 없는 무대다. 연필 스케치로 서서히 모습이 완성되는 인물들이 한 명씩 걸어 나오는 순간부터, 원작 팬들의 마음에는 제대로 불이 지펴진다.

우리에게 익숙한 주인공들의 이름은 일본 대중문화 개방 이전인 1992년 국내 출간 당시 심의 규정에 따라 한국식으로 번역을 거친 결과다. 쇼호쿠 고등학교는 북산고로, 사쿠라기 하나마치는 강백호로 바뀐 식이다. 〈더 퍼스트 슬램덩크〉의 자막과 더

빙판은 한국식 번역 이름을 그대로 쓴다. 주장 채치수, 3학년 정대만, 2학년 송태섭, 1학년 강백호와 서태웅이 코트 위로 나서 산왕과의 경기를 치른다. 이들 각자는 북산고 전체의 팀플레이인 동시에 개인적 승부도 맞닥뜨리는 중이다. 채치수는 산왕의 센터 포워드 신현철의 거대한 존재감에 압도되고, 국내 최고의 선수를 꿈꾸는 서태웅은 어떠한 경기 흐름에도 포커페이스를 유지하며 경기를 이끄는 산왕의 포인트 가드 이명헌의 침착함에 당황한다.

그중에서도 중심인물은 송태섭이다. 처음에는 조금은 의외의 선택으로 느껴진다. 이제 막 농구를 시작했지만 독특한 천재성을 발휘하는 강백호, "농구가 하고 싶습니다" 등의 명대사를 남긴 전설의 3점 슈터 정대만 등에 비해 원작에서 주목도가 그다지 높은 인물은 아니었기 때문이다. 영화는 오키나와에서 보내던 유년 시절, 정신적 지주이자 뛰어난 농구 스승이었던 형 준섭을 잃은 태섭의 과거를 경기 중간중간 회상으로 제시한다. 선수로서 불리한 조건인 작은 키를 극복할 자신만의 비기를 만들어야 했을 뿐 아니라, 유망주였던 형의 그늘에서 성장해야 했던 태섭의 사연은 최강 실력자인 산왕을 만난 북산의 경기 흐름과 조응하며 흐른다.

이노우에 다케히코는 〈더 퍼스트 슬램덩크〉의 주인공으로 송태섭을 선택한 데 대해 "만화를 연재할 때도 언제나 스토리를 더 그리고 싶은 캐릭터였다"라고 말한다. 세월이 흐르면서 인물을 대하는 그의 관점이 변화한 것 역시 중요한 영향을 미쳤다. 연재 당시 한창 20대를 통과 중이었던 그는 신체적 조건이 훌륭하고 무한한 가능성이 있는 주인공을 더 중요하게 생각했지만, 지금은 아픔을 안고 있거나 그것을 극복한 존재의 관점을 생각하게 된다는 것이다. 고교 농구팀을 배경으로 하지만 개인의 서사를 부각하기보다 코트에서의 뜨거운 승부에 목숨을 건 이들의 패기를 더 중요하게 다뤘던 원작의 방식 덕에, 긴 세월을 건너 돌아온 이야기의 틈에는 이토록 새롭게 스며들 사연이 풍성하다. 원작에서 이미 등장했던 경기가 주는 반가운 익숙함과 숨겨진 사연을 만나는 신선함. 〈더 퍼스트 슬램덩크〉의 전략은 원작 만화의 그것처럼 신중하고 탁월하다.

언뜻 원작 만화는 이보다 더 완벽할 수 없는 하나의 콘티처럼 여겨지기도 한다. 실제로 '슬램덩크'의 한 컷 한 컷에는 경기의 박진감뿐 아니라 드리블 한 번, 흘러내리는 땀방울 하나에도 인물들의 감정을 정확하게 실어 나르는 듯한 묘사가 담겨 있지 않은가. 하지만 이를 살아 움직이는 영상으로 구현하는 것은 다른 문제다. 서사와 마찬가지로 〈더 퍼스트 슬램덩크〉의 선택은 이번에도 정공법이다. 최근 애니메이션들의 경향처럼 화려한 CG

가 돋보이는 연출 대신 만화책을 넘기는 듯한 작화를 그대로 살려낸 움직임을 만든 것이다. 경기 장면에는 3D를 활용한 입체감이 더해지고, 회상 장면들에서는 아날로그 손 그림의 정서가 극대화된다.

박진감 넘치는 플레이와 선수들의 클로즈업 등을 적절하게 활용한 125분은 웬만한 실제 농구 중계만큼이나 흥미진진하다. 고등학생 시절 농구부 주장이었던 작가의 이력도 생생한 작화를 뒷받침한다. "코트에 발을 딛는 방법이나 공을 받는 순간의 신체 반응, 슛하기 전 약간의 타이밍 등 몸으로 기억하고 있는 '농구다움'을 그대로 표현하는 것"에 중점을 둔 결과다. 엄청난 속도감보다는 정지된 순간의 정적이, 그 안에 흐르는 사유가 더욱 인상적으로 보이는 이유이기도 하다. 보너스처럼 일부 등장하는 원작의 명장면과 명대사들의 배치 역시 좋다.

'각본 없는 드라마'인 스포츠만이 줄 수 있는 쾌감이 있다. 불가능해 보이는 도전에 최선을 다해 부딪혀보는 과정, 무수한 땀방울과 투지가 일궈내는 정직한 결과가 존재하는 세계이기 때문이다. 적어도 거기엔 '꺾이지 않는 마음'들이 만들어내는 깨끗한 패배와 승리의 환호가 존재한다. 그것이 슬램덩크의 세계관, 나아가 스포츠 만화를 사랑할 수밖에 없는 이유일 것이다. "영감님의 영광의 시대는 언제죠?" 다시 찾아온 〈더 퍼스트 슬램덩크〉의 한 장면, 부상을 딛고 코트에 복귀하는 강백호의 뒷모습에 가슴이 뜨거워지지 않을 재간이 없다. 명작의 영광의 시대는 결코 저물지 않았다.

슈퍼스타 블록버스터의 모범 답안

——— **탑건: 매버릭**

Top Gun: Maverick

〈탑건: 매버릭〉은 톰 크루즈 그 자체다. 새로운 프랜차이즈가 아니라 자신을 스타덤에 올렸던 36년 전 작품의 속편으로, 앞서가는 방식이라기보다 정석 그대로 전설을 새로 쓴 슈퍼스타를 향한 애정과 지지를 보낼 수밖에 없다. 여전한 현역이 새로운 세대를 존중하며 '골동품'으로 불가능의 벽을 넘는 이야기 안에는, 최전선의 특수효과를 범벅하는 대신 전통적 블록버스터의 방식으로 일군 정직한 쾌감이 있다. 오래된 것이 반드시 낡은 것만은 아니다. 스크린은 여전한 경외감의 대상일 수 있다. 톰 크루즈의 말마따나 우리는 이 영화를 보고 울어도 된다. 그건 각자의 자리에서 속도를 견디며 인생을 조종하는 사람이 느낄 수 있는 최고의 감흥이다.

✧

—

잊히지 않는 모두의 꿈, 영화

——— **파벨만스**

The Fabelmans

누군가의 인생이 영화가 되어야 한다면, 누군가의 인생을 영화로 부를 수 있다면, 그건 당연히 스티븐 스필버그의 몫이 되어야 할 것이다. 분명 당신은 언젠가 적어도 한 번쯤은 그의 영화를 본 적이, 나아가 몹시 좋아해본 적이 있다. 〈죠스〉(1975) 〈E.T.〉(1982), 〈레이더스〉(1982)부터 이어지는 〈인디아나 존스〉 시리즈, 〈쥬라기 공원〉(1993), 〈쉰들러 리스트〉(1993), 〈라이언 일병 구하기〉(1998), 〈A.I.〉(2001), 〈캐치 미 이프 유 캔〉(2003), 〈우주전쟁〉(2005)…. 일일이 열거하기도 어려운 수많은 필모그래피는 지나치기가 더 힘든 수준이다.

〈파벨만스〉는 알려진 대로 스필버그의 자전적 이야기다. 무려 반세기 동안 스크린으로 세상을 놀라게 하고 또 위로하며 때론 "슬픔으로 가슴이 찢기고 끝없는 외로움"에 빠져야 했던 예술가, 스티븐 스필버그 감독의 초상이 여기에 있다. 그 무대를 치열한 상업영화의 현장이 아닌, 한 가족의 가장 내밀한 시간들과 소년이 손에 쥔 8mm 카메라 그리고 그가 바라보는 뷰파인더 너머로 정한 선택은 탁월하게 아름답다. 나아가 '영화 그 자체'라고 불러도 좋을 것이다.

극장에서 〈지상 최대의 쇼〉(1955)를 본 이후, 어린 새미(마테오 조리안)는 기차 생각을 떨치기 어렵다. 선로를 달려오는 기관차에 부딪친 자동차가 종이뭉치처럼 날아가던 장면의 충격을 잊을 수 없기 때문이다. 하누카(유대인 명절)에 장난감 기차를 선물 받은 이후엔 매일같이 충돌을 재연하기 바쁘다. 아들의 행동을 온전히 이해하지 못하는 엔지니어 아빠 버트(폴 다노)와 달리, 예술적 기질을 타고난 엄마 미치(미셸 윌리엄스)는 "자신만의 세상을 통제해보고 싶은" 새미의 바람을 구체적으로 읽어낸다. 기차를 자꾸만 부수는 대신 아빠의 8mm 카메라로 촬영해서 여러 번 다시 보자는 엄마의 제안 이후, 새미의 손에는 언제나 카메라가 들려 있다.

청소년이 된 새미(가브리엘 라벨)의 하루는 친구들과 가족이 총동원되는 촬영 그리고 필름 편집으로 빼곡하게 채워진다. 〈리버티 밸런스를 쏜 사나이〉(1962) 등 극장에서 좋은 영화를 마주하는 순간도 여전한 그의 기쁨이다. 여느 날과 같이 가족과 함께

하는 일상의 순간을 카메라에 담던 새미는 우연히 엄마가 숨기고 있던 비밀을 포착한다. 그것은 가족에게 일어날 어떤 균열의 시작이자, 새미가 온전히 속해 있지만 결코 통제할 수는 없는 세상이다.

원제의 'Fabelmans'는 새미 가족의 성(姓)인 동시에 하나의 언어유희다. 동화(Fabel)라는 뜻을 지닌 독일어와 사람(Man)을 합쳐, 일생을 영화라는 동화이자 꿈에 바쳐온 스티븐 스필버그의 삶을 은유하는 단어로 만든 것이다. 스필버그 감독이 온전히 자신의 자전적 이야기로 영화 한 편을 완성한 사례는 이번이 처음이다. 스스로 자신의 역작인 〈E.T.〉의 '정신적 속편'으로 여긴다고 언급했을 정도로, 〈파벨만스〉는 그의 필모그래피 안에서도 특별한 위치를 차지한다.

이 영화의 씨앗은 스필버그의 연출작 〈뮌헨〉(2005) 촬영장에서 탄생했다. 각본가 토니 커시너(연극 〈엔젤스 인 아메리카〉 희곡을 쓴 것으로 유명한 커시너는 이후 스필버그의 〈링컨〉(2013), 〈웨스트 사이드 스토리〉(2022) 등의 각본을 담당했다)가 스필버그에게 감독이 되겠다고 결심한 순간에 대해 물으면서다. 그렇게 풀어놓은 스필버그의 어린 시절 이야기는 오랜 시간 커시너의 세공을 거쳐 〈파벨만스〉의 각본으로 탄생했다. 스필버그는 "여러 경험에 비추어 만들었던 기존 연출작과는 달리 이번 영화는 나의 기억 그 자체"라고 밝힌 바 있다.

실제로 〈파멜만스〉는 스필버그 영화 세계의 근간이 무엇으로부터 만들어진 것인지를 보여준다. 일례로 어린 샘이 스크린에서 처음 느낀 경이로움이 〈쥬라기 공원〉 등 블록버스터 무비를 향한 감독의 오랜 애정의 양분이 되어주었음을 감지할 수 있는 식이다. 스필버그 감독이 애리조나에서 보낸 10대 시절에 만든 아마추어 필름들을 볼 수 있다는 것 역시 〈파벨만스〉가 선사하는 작은 재미 중 하나다. 서부극 〈더 라스트 건(The Last Gun)〉, 〈건스모그(Gunsmog)〉를 비롯해 전쟁영화 〈도피할 수 없는 탈출(Escape to Nowhere)〉, 훗날 〈미지와의 조우〉(1982)의 토대가 된 SF 영화 〈파이어라이트(Firelight)〉 등을 찍고 편집하던 순간의 '소년 스필버그'가 이 안에 있다. 물론 모든 영상은 현재의 스필버그가 당시의 기억을 되살려 다시 촬영한 버전이다.

소년이 영화와 사랑에 빠졌던 유년 시절은 한없이 아름다운 동화지만, 현실에 눈을 뜨는 과정은 그리 녹록지만은 않다. 새미는 사랑하는 대상, 혹은 원하는 이미지를 얻기 위해 완벽하게 통제해둔 세상을 바라보던 자신의 카메라가 가려졌던 진실이나 아름답지 않은 현실에도 의도치 않게 도달할 수 있음을 깨닫는다. 필름에 찍힌 무수한 이미지 중 무엇을 자르고 어떻게 붙이느냐에 따라 그 의미가 확연히 달라지는 과정을 몸소 겪으며, 영화가 '편집의 예술'임을 체험하는 과정이 그를 단련한다. "예술이 하늘의 영광과 땅의 월계관을 선물하겠지만, 네 가슴을 찢어놓고 널 외롭게 할 것"이라는 삼촌 보리스(주드 허쉬)의 일갈도 날아와 박힌다.

그러나 결국 〈파벨만스〉는 그 모든 '그럼에도 불구하고'에 맞서 영화라는 꿈을 향한 러브 레터가 된다. 이 작품이 가장 소박하고도 중요하게 포착한 아름다움은, 편집기나 영사기 앞에서 필름을 들여다보는 소년의 말간 얼굴이다. 편집기로 하나하나 자르고 이어 붙여야 하는 필름의 물성, 영사기가 돌아가는 소리, 스크린을 바라보고 앉은 관객들 사이에서 나란하게 터져 나오는 탄성과 웃음. 그 모든 것은 새미가 예술이라는 욕망의 가시밭길을 기꺼이 걷도록 만드는 마술과 같은 요소들이다. 어두운 옷장부터 거실 등 집의 구석구석을 배경 삼아 패밀리 무비가 상영되던 행복의 순간부터, 진실을 포착한다는 것이 때로 어떤 파괴력을 지니는지 고통스럽게 깨달은 가족들과의 시간을 통해 새미는 영화가 지닌 힘을 고루 알아간다. 〈파벨만스〉는 그렇게 평범한 얼굴을 한 가족 드라마의 외피 안에서 성장한다는 것의 의미, 더불어 영화를 향한 사랑과 예술의 본질까지 꿰뚫는 작품으로 나아간다.

언제나 할리우드가 이룰 수 있는 기술적 성취의 최전선에 서 있는 테크니션이자, 고전영화의 문법에 점점 더 완벽하게 다가서고 있는 스필버그. 그는 몇 년 전 자신이 평생을 사랑하고 몸 바쳐 온 대중문화를 향한 헌사인 〈레디 플레이어 원〉(2018)을 만들었다. 그리고 이제는 〈파벨만스〉를 통해 온통 영화와 함께였던 자신의 인생을 회고한다. 스필버그는 그 무엇보다 영화를 사랑한, 동시에 영화가 그 누구보다 사랑한 사람만이 만들어낼 수 있는 작품들에 점점 더 다가서고 있다. 영화의 말미, 청년이 된 새미가 '서부극의 제왕' 존 포드 감독(1894~1973, 극 중에서는 데이비드 린치 감독이 연기한다)을 만나는 일화는 여전히 초심을 잃지 않으려는 노년의 거장 감독의 의지를 사랑스럽게 전달한다. 무언가에 평생을 건 사람의 변함없는 마음을 확인하는 일은 이토록 벅차다. 스필버그의 신작 발표가 앞으로 딱 반세기 동안만 꾸준하게 더 이어진다면 얼마나 좋을 것인가.

누군가의 인생이
영화가 되어야 한다면,
누군가의 인생을
영화로 부를 수 있다면,
그건 당연히
스티븐 스필버그의
몫이 되어야 할 것이다.

20년의 시간을 가로질러 다시 만나다

—— 고양이를 부탁해

〈고양이를 부탁해〉는 한국영화 역사에서 언제나 특별한 위치를 차지해왔다. 사회적 주체로 온전하게 존중받지 못하는 청춘의 노동 문제를 이야기하면서도, 귀 기울일 만한 가치가 있는 서사로 여기지 않았던 젊은 여성들 사이의 친밀한 우정과 갈등의 관계를 세밀하게 그려냈다는 점에서 기념비적인 작품이다.

이 영화는 정확히 20년의 세월을 가로질러 2021년 10월 오늘날의 관객들에게 재개봉으로 다시 당도했다. 시작점에는 제23회 서울국제여성영화제가 있다. 〈고양이를 부탁해〉의 20주년 특별전은 주요 프로그램 중 하나였다. 영화제가 4K 리마스터링 버전 작업을 진행한 덕에 필름으로만 남아 있던 작품이 현재 극장의 상영 방식인 DCP(Digital Cinema Print) 버전을 얻었고, 이후 재개봉까지 추진될 수 있었다. 이는 단순한 아카이빙 작업 이상의 의의를 가진다. 한국영화사 안에서 의미 있었던 작업들을 우리 스스로 자랑스럽게 발굴하고 기념할 필요가 있다는 점에서다.

실제로 〈고양이를 부탁해〉는 세상에 첫선을 보인 때부터 지금까지 꾸준히 '재발견'이 요구됐던 작품이다. 한국예술종합학교 영상원 1기인 정재은 감독의 꼼꼼한 연출이 돋보인 수작이었지만, 개봉 당시 2주밖에 관객들과 만나지 못했다. 이후 작품의 가치를 알아본 관객들 사이에서 작지만 강력한 팬덤이 자발적으로 만들어졌다. 당시 영화 팬들은 〈고양이를 부탁해〉와 비슷한 처지에 처했던 몇몇 작품을 중심으로 일명 '와라나고' 운동을 펼치기도 했다. 〈와이키키 브라더스〉(2001), 〈라이방〉(2001), 〈나비〉(2003), 〈고양이를 부탁해〉가 그 주인공이다. 관객들 스스로 거대 자본이 투입된 상업 대중영화에 밀려 설 자리를 잃은 작가주의 영화들을 지지하며 지키고자 했던 것이다. 한국영화와 극장 위기론이 끊임없이 대두되는 요즘 같은 시기에 과거의 열정은 희귀하게 느껴지기까지 하는 구석이 있다.

〈고양이를 부탁해〉의 영화적 시선은 IMF 이후 점점 더 가파르게 계층 간 단절을 경험하게 된 한국 사회의 풍경을 정확히 가로지른다. 그중에서도 정재은 감독이 주목하는 것은 노동하는 존재이자 사회적 발언이 가능한 존재로서 존중받지 못하고 밀려나는 젊은 여성들의 입지다. 이 영화에는 거대 담론들에 가려 뭉개지고 누락된 그들의 일상성에 대한 고찰이 존재한다. 사적이고 흐릿한 감상 대신, 또렷한 개별성으로 무장한 채 시대의 공기를 통과하는 이들의 미시사를 기록하는 노력이 영화 안에 있다.

〈고양이를 부탁해〉는 '대학생 아닌 스무 살들'의 이야기다. 고등학생 때 만나 단짝이 된 다섯 친구 혜주(이요원)와 지영(옥고운, 당시 활동명은 옥지영), 태희(배두나), 쌍둥이 자매 비류(이은주)와 온조(이은실)는 모두 대학에 진학하지 않았다. 인천의 상업고등학교 출신인 이들은 졸업과 동시에 사회로 나아간다. 그와 동시에 인물들은 저마다 다른 경제적 상황과 계층의 벽을 온몸으로 마주해야 한다. 가장 야무지게 변화를 꿈꿨던 이는 혜주다. 서울에 있는 증권사에 취직한 것을 시작으로 '인(in) 서울'을 갈망하며 꿈을 이뤄간다. 혜주는 지금까지와는 다른 방향으로 삶을 개조해보겠다는 포부가 남다르다. 하지만 사회는 그렇게 녹록지 않다. 혜주의 현실은 사무실 안에서 홀로 유니폼을 입은 여직원이다. 담당 업무라 해봐야 직원들이 부탁하는 자료를 출력해주거나 전화 응대 같은 잔심부름이 대부분이다.

지영은 외국으로 디자인 유학을 떠나고 싶어 하지만 당장 눈앞이 막막하다. 비유가 아니라 정말로 언제 무너져도 이상할 것 없는 판잣집에서 조부모와 함께하는 가난한 삶이 지영에게 주어진 오늘이다. 경제적 격차가 조금씩 벌어지면서 점점 더 은근한 무시로 도발하는 혜주의 언행도 지영을 자극한다. 지영은 버려진 고양이를 돌보고 싶어 하지만, 안정적인 환경을 만들어주기에는 상황이 여의치 않다. 아버지가 운영하는 찜질방 일을 도우면서 틈틈이 뇌성마비 시인의 타이핑 작업도 돕고, 친구들의 우정도 도모해야 하는 몽상가 기질의 태희도 앞날이 막연하긴 마찬가지다. 화교 출신인 쌍둥이는 가판에서 직접 만든 액세서리를 판매하는 것으로 불안한 하루하루를 견딘다.

첫 장면에서 다섯 친구는 즐겁게 웃으며 바다를 배경으로 기념사진을 찍지만, 영화가 보여주는 바로 다음 장면은 창문이 깨지는 소리를 뒤로하고 신경질적으로 걷는 혜주의 발걸음이다. 애초에 그들이 사진을 찍기 위해 이리저리 자리를 옮겨가며 배경 삼았던 곳 역시 모래사장이 펼쳐진 아름다운 해변이 아니라, 아찔한 크레인이 들어선 인천항이다. 그들에게 허락되는 풍경은 이토록 제한적이다.

이후 여러 편의 건축 다큐멘터리를 만들기도 한 정재은 감독은 이 영화에서부터 이미 공간을 통해 특별한 정서를 만들어내는 능력을 보여준다. 인물들이 머무는 구석구석을 포착해내는 것은 그들을 둘러싼 세계를 예민하게 감지해보려는 시도다. 인천은 지리적으로 서울의 외곽이며, 사람과 물자가 계속해서 들어오고 나가기를 반복하는 운동성을 지닌다. 실제로 인천항, 월미도, 판자촌, 차이나타운 등 이 영화가 선택하고 바라보는 공간들은 어딘가에 단단히 뿌리내릴 기회를 허락받지 못한 채 부유하는 인물들의 이야기와 긴밀하게 조응한다.

IMF와 밀레니엄을 통과하는 한국 사회의 무거운 공기는 당대의 특수한 것으로 인식됐으나, 팬데믹 여파와 경제 불안이 팽배한 오늘날의 분위기와 별반 다르지 않다는 것도 〈고양이를 부탁해〉를 눈여겨보게 만든다. 하지만 뚜렷한 변화 역시 감지된다. 영화가 담아낸 2000년대 초반의 사회적 환경은 무심하고 당연한 듯 청춘의 불안과 고민을 배제한다. 마치 너희들은 엄중한 시대적 변화의 주체가 될 자격이 없다는 듯이. 태희가 어선을 타고 싶은 것은 진지한 꿈이지만, 돌아오는 것은 "이건 유람선이 아니"라는 핀잔일 뿐이다. 그럼에도 태희는 자신만의 가치를 분명히 지켜나가면서도 세상을 향한 꿋꿋한 호기심을 놓지 않는다. 정권 교체의 시발점이 된 사회적 변화를 전면으로 이끌어낸 경험이 있는 지금의 청춘 세대에게 어쩌면 그 선택은 당연한 태도처럼 보일 것이다.

✧

—

이토록 정성스러운 포기

——— 콩트가 시작된다

コントが始まる

2021년 일본 NTV 2분기에 방영한 10부작 드라마 〈콩트가 시작된다〉는 3인조 무명 콩트 그룹 맥베스가 거의 아무런 반향이 없던 10년간의 활동을 마무리하고 해체하기까지의 과정이다. 맥없는 콩트가 매회 등장하고, 대단한 반전이나 멋있는 기적은 한 톨도 일어나지 않는 작품이다. 그런데 볼 때마다 사람을 펑펑 울리는 희한한 매력이 있다. 언젠가 어떤 식으로든 꿈을 포기해 본 적이 있는 사람들의 이야기여서다.

어느 라멘 가게. 어떤 '물 문제'라도 해결할 수 있다는 전문가가 찾아온다. 의뢰를 부탁한 사람은 가게 주인. 그는 손만 댔다 하면 모든 물을 멜론 소다로 만들어버리는 아르바이트생 때문에 골치를 앓는 중이다. 멜론 소다 맛이 나는 라멘은 아무래도 곤란하다. 변기 물까지 멜론 소다로 바꾸면 더 심란하다. 여기서 잠깐, 여러분은 솔직히 이 콩트가 기대되는가. 안타깝지만 짐작대로다. 어설픈 분장과 조악한 세트, 과장 가득한 연기력의 삼박자를 두루 갖춘 맥베스의 콩트는 소수의 마니아는 있을지 몰라도 대부분의 사람들에게 시시한 농담 취급을 받는다.

게을렀는가 하면, 그건 아니다. 활동은 더할 나위 없이 꾸준하고 성실했다. 일주일에 한 번은 반드시 새 콩트를 위한 회의도 가졌다. 고등학교 축제 때 처음으로 콩트 공연을 선보인 직후 문학 선생님으로부터 들은 "재능 있다"라는 한마디에 무턱대고 가슴이 뛰어버린 하루토(스다 마사키)와 준페이(나카노 타이가), 졸업 후 프로 게이머의 삶을 살다 돌연 이들에게 합류한 슌타(카미키 류노스케)까지 세 친구는 지금껏 콩트에 진심이었다.

하지만 어느덧 스물아홉. '데뷔 10년이 지나도 가망이 없다면 해산'을 목표로 활동했던 맥베스 팀원들은 약속한 10년을 맞이한다. 오래된 연인과의 결혼 문제나, 생계를 위해 이어온 아르바이트의 정규직 전환 제안 등도 진지하게 고민할 때다. 마지막이라 생각하고 도전한 공개 오디션에서마저 무참히 실패한 이들은 결국 덤덤하게 해산을 준비한다. 이 소식에 절망하는 사람은 맥베스의 열성팬 리호코(아리무라 카스미)뿐이다. 회사를 그만둔 뒤 모든 의욕을 잃고 하루하루 숨만 쉬며 살아가던 리호코가 다시 웃게 된 것은 맥베스의 콩트 때문이었다. 맥베스의 활동 종료까지 단 2개월 남은 상황. 리호코의 마음은 안타깝고 다급하다.

〈콩트가 시작된다〉는 매회 맥베스의 무대로 문을 연다. '물 문제', '옥상', '기적의 물', '금도끼 은도끼' 등의 콩트 내용은 해당 회차의 스토리와 연결되는 복선이기도 하다. 드라마가 진행될수록 맥베스 3인방뿐 아니라 이들의 가족, 주변 인물들로까지 반경이 넓어진다. 이 역시 전부 어딘가 조금씩 망가지고 실패한 사연이다. 언니 리호코를 돌보기 위해 함께 살고 있으나 자신 역시 아무런 목표 없는 무료한 20대를 보내는 츠무기(후루카와 코토네), 학업이며 직업 모두 성공가도를 달리며 성장 과정 내내 가족의 자랑이었으나 다단계 판매에 빠져 모든 것을 잃고 방 안에 틀어박힌 하루토의 친형이 등장하는 식이다.

사연의 세부 내용이야 각각 다르지만 이들 모두는 어느 날 문득 비슷한 의문을 떠올렸을 사람들이다. 나, 혹시 지금까지 틀린 방향으로 열심히 달려온 게 아닐까. 해체를 앞둔 어느 날, 맥베스는 이 같은 의심을 확실한 격려로써 다시 한번 다잡기 위해 애초에 그들에게 개그맨의 길을 걷게 한 것이나 마찬가지인 문학 선생님을 만난다. 그는 하루토와 준페이의 재능을 알아챈 사람이니, 여전히 그의 눈에 보이는 무언가가 있지 않을까. 그러나 조심스레 운을 뗀 문학 선생님의 한마디는 다분히 현실적이다.

"이제 해체하는 것도 좋지 않을까?"

우리 모두 믿고 싶어 한다. '꿈은 이루어진다'는 것을. 그러나 어느 순간 절실히 깨닫는다. 꿈을 이룰 확률은 희박하다. 맥베스의 10년간의 활동과 리호코의 사회생활은 그야말로 별 볼 일 없었다. 열심히 한다는 것만이 꼭 모든 일의 능사도 아니다. 타고난 자신의 책임감과 성실함을 악용하는 이들 때문에 조금씩 지쳐갔던 리호코는 "지금도 열심히 하는 게 무서워서 대충할 수 있는 건 대충하고 있다"라고 고백한다. "무언가를 열심히 하려는 마음을 억누르는 날이 올 거라곤 생각도 못했다"라며 눈물을 흘리는 리호코에게서는, 무기력한 포기가 아니라 온 마음을 다했던 사람의 상처가 어른거린다.

노력하면 무엇이든 할 수 있고 가질 수 있다는 환상 위에 세워진 시대는 동시에 비대한 박탈감을 키워낸다. 누구나 꿈을 향해 자유롭게 달려갈 수 있지만, 마찬가지 이유로 명확한 꿈과 목표가 없는 사람은 자신의 쓸모를 고민해야 한다. 소셜 미디어를 통해 자기 자신을 얼마든지 우월하게 마케팅할 수 있는 시대에 빛나지 않는 일상은 시시하고 무의미해 보인다. 포기는 은근한 죄책감마저 부추긴다. 그런데 그게, 정말 그럴 일인가.

꿈을 향해 지치지 않고 달려가고, 결국 어떤 지점에 도달하는 것이 '청춘 서사'의 평균인 것처럼 부추기는 이야기들 사이에서 성취가 아닌 포기의 과정을 들여다보는 데 부러 공들여 시간을 쓰는 이 작품의 시선은 귀하다. 정작 우리가 준비해야 할 것은 꿈을 향한 다짐보다, 숱한 노력 끝에도 결실을 맺지 못한 무언가를 포기하는 방법일지도 모른다. 최선을 다했다면 꿈은 포기해도 된다. 평범하고 꾸준한 인생도 각자의 무대에서는 값진 드라마다. 오랜 세월 동안 주변의 잡음에 흔들리지 않은 요령 없는 뚝심과, 한심한 일에도 많은 이의 도움을 얻을 수 있는 선한 마음을 안고 버텨온 시간들. 그건 꼭 실패라고 말할 수도 없다. 어떻게 꿈이 이루어지는가가 아니라, 어떻게 꿈을 접는가. 한때 내가 온 열정을 쏟았던 한 시절을 어떻게 잘 놓아주고 '다음'으로 나아갈 수 있는가. 코끝 찡한 〈콩트가 시작된다〉의 미덕은 이토록 정성스러운 포기에 있다.

맥베스로서 함께 서는 무대는 끝나지만, 하루토와 친구들 각자의 인생에서는 날마다 새로운 막이 오르는 인생의 무대가 펼쳐진다. 그것이야말로 진정한 콩트가 시작되는 순간이다. 때론 스포트라이트가 아닌 백스테이지의 어둠을 더 길게 마주하고, 주인공이 아니라 배경이 되는 순간이 더 길더라도 소화해야만 하는 콩트. 지칠 때는 '적당히'를 모토로 삼아보면 어떨까. 언젠가 하루토와 리호코가 나눈 대화의 한 토막이 분명 힘이 될 것이다.

어떻게 꿈이
이루어지는가가 아니라,
어떻게 꿈을 접는가.
한때 내가 온 열정을 쏟았던
한 시절을 어떻게
잘 놓아주고 '다음'으로
나아갈 수 있는가.
코끝 찡한
〈콩트가 시작된다〉의 미덕은
이토록 정성스러운
포기에 있다.

"인생을 그렇게 적당하게 정해도 되나요?"

"정하지 못하고 망설이는 것보다는 훨씬 좋다고 생각합니다."

기억은 헤어지지 않아

—— **로봇 드림**

Robot Dreams

동그란 눈, 단순하고 부드러운 선을 가진 캐릭터들이 볼수록 정겹다. 대사 한마디 없지만 역으로 더 많은 것이 마음 안으로 밀려들어 온다. 이 영화의 개봉 당시, 한 시절을 함께 보냈던 이와의 우정과 남은 추억을 행복하게 반추하게 될뿐더러 눈물 섞인 잔잔한 감동까지 덤으로 안고 극장 문을 나섰다는 실관람평을 다수 발견할 수 있었다. 살랑거리는 꼬리를 가진 외로운 개와 충직한 로봇이 나누는 우정의 모양이 그만큼 곱고 사려 깊은 덕분이다.

〈로봇 드림〉은 인공지능 로봇의 위험을 고발하거나 윤리적 의미를 탐색하는 영화들과는 거리가 멀다. 영화 속 깡통 로봇은 애초에 그렇게 고사양의 기종도 아니다. 인류를 위협하는 것이 아니라 친구가 되기 위해 태어난 존재. 외로움을 이해하는 일상의 파트너. 로봇은 뼈와 살 대신 금속 재질로 만들어진 반려 동물에 가깝다. 부드러운 미소와 주인에게 고정된 눈동자를 가진 로봇은 무해함 그 자체다. 브래드 버드 감독의 걸작 애니메이션 〈아이언 자이언트〉(1999)처럼 로봇과의 유대를 그린 기존 작품들도 물론 있지만, 무성영화의 형식을 빌려 비언어적 표현들로 가득한 〈로봇 드림〉은 한층 더 독자적인 개성으로 빛난다. 게다가 이 세계에는 인간이 존재하지 않는다. 영화 속 1980년대 뉴욕은 의인화된 동물들의 무대다.

도그는 이스트 빌리지에서 고독하게 살아가는 개다. 그의 일상은 일과 산책, 매일 같은 레토르트 식품을 전자레인지에 데워 먹는 저녁 식사로 채워진다. 변화는 어느 날 TV 광고를 유심히 보던 도그의 선택에서 시작된다. 직접 조립하는 로봇 키트를 주문한 것이다. 부품을 끼워 완성한 로봇은 그날부터 도그의 둘도 없는 친구가 된다. 둘은 어느덧 일광욕부터 관광, 센트럴 파크에서 롤러스케이트를 타거나 핫도그를 나눠 먹는 소소한 일상에 익숙해진다. 대도시에서 홀로 살아가는 외로움은 이제 그들의 것이 아닌 듯 보인다.

그러나 헤어짐은 뜻하지 않게 찾아온다. 해변가 유원지인 코니 아일랜드에서 물놀이를 즐긴 날, 로봇은 몸이 마비되어 움직이지 못한다. 도그는 무거운 로봇을 옮겨올 방책을 고민하지만,

야속하게도 바로 다음 날부터 해수욕장은 폐장한다. 로봇을 데려오려고 갖은 애를 쓰지만 번번이 이런저런 절차에 제지당하던 도그는 하는 수 없이 다음 시즌 개장을 기다리며 시간을 보내고, 다시 외로워진다. 해변에 홀로 누워 도그를 기다리는 로봇 또한 고독한 시간을 견뎌야만 한다.

영화의 원작은 미국의 일러스트레이터 사라 바론이 2007년에 출간한 동명 그래픽 노블이다. 동물 캐릭터를 통해 다양한 작품을 만들어온 바론은 오랜 시간을 함께했던 반려견을 안락사했던 개인적 경험을 반영해 〈로봇 드림〉을 쓰고 그렸다. 병으로 심한 고통에 시달리는 반려견을 위한 최선의 선택이라 믿었지만 결코 쉽지 않은 결정이었고, 이는 우정을 탐구하고 추억을 통해 상실에 대처하는 주인공들의 이야기를 창조하는 밑거름이 됐다.

스페인 출신 연출가 파블로 베르헤르는 원작을 스크린으로 옮기면서 찰리 채플린과 자크 타티 등 위대한 무성영화 창작자들의 방식을 취했다. 대사 없이 이미지만으로도 이야기와 메시지를 전달할 수 있는 영화 매체의 정수를 택한 것이다. 3D의 화려한 비주얼과 유려한 대사들에 감탄하게 만드는 작품도 많지만, 본질은 아주 단순한 것에 있음을 〈로봇 드림〉은 새삼 일깨운다. 이 영화에는 관계와 인생을 그 어떤 가르침보다 쉽고 깊게 깨우치게 했던 무성 애니메이션의 감성이 물씬하다. 뉴욕을 예찬하는 대표적 영화인 〈맨하탄〉(1979) 등 곳곳에 숨은 명작 패러디를 찾는 재미 역시 좋다. 영화의 포스터는 존 카니 감독의 음악영화 〈원스〉(2007)를 어렵지 않게 연상시킨다.

〈로봇 드림〉의 가장 특별한 지점은 캐릭터들이 재회하지 않는다는 데 있다. 각기 다른 공간에 남겨진 도그와 로봇은 다시 만나는 꿈을 계속해서 꿀 정도로 서로를 그리워한다. 함께 봤던 〈오즈의 마법사〉(1939) 속 세계를 경유해 모험을 겪기도 하고, 환한 얼굴로 서로에게 달려가 기꺼이 다시 만난다. 하지만 그 모든 것은 슬프게도 꿈에 불과하다. 제목이 '로봇 드림'인 이유도 여기에 있다. 꿈은 다시 만나고 싶다는 도그와 로봇의 바람이 담긴 환상적인 무의식이자, 한 편의 꿈을 꾸는 것과 같은 영화적 경험의 극대화다.

도그와 로봇은 서서히 새로운 인연을 만나 변화한다. 마음이 변했다기보다 그저 시간이 흐른 것이다. 도그는 공원에서 친해진 덕의 연락을 기다리며 설레고, 또 다른 반려 로봇 틴을 집에 들이기도 한다. 로봇은 자신의 몸에서 부화하고 성장하는 새들 가족을 지켜보기도 하고, 불순한 의도로 접근한 누군가로부터 몸통이 분리되는 아픔을 겪기도 한다. 다행히 그에게도 새 인연 라스칼이 찾아온다. 정성스레 로봇을 개조한 라스칼은 도그만큼 좋은 친구다.

결국 행복한 재회는 완성되지 못한다. 로봇이 우연히 도그를 발견한 어느 날, 그토록 기다렸던 만남임에도 불구하고 로봇은 도그에게 달려가는 대신 멀리서 행복을 빌어주는 것을 택한다. 도그는 로봇의 존재를 눈치채지도 못한 채로 멀어진다. 도그를 뒤로하고, 로봇은 한때 도그와 함께 즐겁게 춤을 추었던 곡인 어스 윈드 앤드 파이어의 '셉템버(September)'에 맞춰 홀로 춤을 추기 시작한다. 이제는 다른 공간에서 홀로 즐기는 멜로디가 되었지만, "Do You Remember?(기억하니?)"라는 가사 위에 새겨진 도그와 로봇의 추억만큼은 앞으로도 함께일 테다. 흥겨운 멜로디로 유명한 이 곡은 어쩐지 이 영화에서만큼은 슬프게 느껴지기도 한다.

세상의 모든 인연은 영원을 보장할 수 없다. 하지만 헤어짐이 반드시 관계의 실패를 의미하는 것은 아니다. 인생의 긴 레이스 안에는 또 다른 해피 엔딩이 자리할 수 있다. 새로운 인연을 만나는 일은 어쩌면 지난 관계를 통해서 우리가 성장했다는 증명이자 결과이기도 할 것이다. 이 성숙한 철학을 받아들이는 〈로봇 드림〉의 엔딩은 비범하고도 소중하다.

좋은 이야기는 언제나 그것을 나의 이야기로 받아들이게 한다. 〈로봇 드림〉을 보는 동안 각자의 마음속에는 한 시절을 함께 보낸 이들이 피어오른다. 그 대상은 사람일 수도, 동물일 수도, 때론 무생물일 수도 있을 것이다. 〈로봇 드림〉은 그렇게 소중했던 존재와 함께 보냈던 시간과 남은 기억을 행복하게 반추하게 만든다.

쌍둥이 빌딩의 모습이 고스란히 살아 있는 1980년대 뉴욕의 마천루는 돌아갈 수 없는 한때를 추억하게 하는 배경이다. 지금의 도그와 로봇이 더는 그때의 도그와 로봇이 아니듯, 시간은 존재와 관계를 조금씩 다른 모습으로 나아가게 만든다. 그리고 상실이자 또 다른 시작을 끊임없이 경험하는 것을 우리는 인생이라 부른다. 평생이든 아니면 삶의 어떤 한 시절이었든, 소중한 존재를 가졌던 행운은 마음 안에서 영원히 사라지지 않는다.

“행여 친구나 사랑하는 사람, 가족을 잃더라도, 우리가 잊지 않고 기억한다면 그들은 우리 안에 영원히 남을 것이다. 나는 내가 만나온 모든 사람을 기억하기 위해 이 영화를 만들었다.”

베르헤르 감독의 말이다.

사유의 밤

2관

: 나와 당신의 마음들

의미는 무엇일까요?

——— 애스터로이드 시티

Asteroid City

모두가 언제나 의미를 묻는다. 이것은 무엇을 의미할까요? 웨스 앤더슨의 〈애스터로이드 시티〉는 어떤 의미에서 경쾌하게 날아오는 역질문처럼 느껴졌다. 의미는 왜 중요하죠? 대체 그걸 아는 사람이 있긴 한가요?

'TV 쇼로 백스테이지를 방영 중인 실제 상황의 연극'이라는 삼중의 레이어. 그 안에서 연극 〈애스터로이드 시티〉가 완성되는 과정은 무질서한 혼돈 그 자체다. 웨스 앤더슨은 이번 작품에 이르러 기존 질서를 바로잡으려는 인물들의 분투가 아니라, 혼돈 그 자체를 가만히 들여다보려 한다. 예술과 인생의 본질, 누군가를 잃는 갑작스러운 사건, 미지와의 조우, 이 모든 것의 이유는 언제나 아무도 '모른다'. 다만 예술과 사랑, 상실이나 우주 같은, 인간이 새로 발견한 별에 이름을 붙이듯 명확히 개념 짓고 싶어 하는 그 모든 것이 그저 삶의 궤도에 존재하는 각기 다른 크기의 소행성이라는 어렴풋한 예상만 존재할 뿐. 배우들도 하나의 정확한 소품처럼 기능하는 웨스 앤더슨의 세계에 처음으로 합류한 스칼렛 요한슨, 톰 행크스 등의 연기는 예측 가능한 선과 예측 불가능한 리액션 사이에서 재미있는 균열을 만든다.

모든 것이 통제 가능한 진공 상태 같은 웨스 앤더슨의 영화에는 '앤더슨 디오라마'라는 이름을 붙여도 좋을 것이다. 그리고 나는, 의미에서 끊임없이 달음박질하는 영화를 보고도 여전히 관성적으로 명명을 고민하고 의미를 곱씹으려는 스스로에게 내내 옅은 수치감 같은 것을 느껴야만 했다.

나는 여기에 와본 적이 있다

——우리가 사랑이라고 믿는 것

Hope Gap

그레이스(아네트 베닝)와 에드워드(빌 나이)는 29년간 지속해온 결혼 생활을 끝내려는 중이다. 각각 시인과 역사 교사라는 직업을 가진 이들의 이별은 각자의 입장에서 예이츠와 로세티의 시, 나폴레옹의 굴욕적인 모스크바 후퇴에 비유해 서술된다. 떠나려는 에드워드의 이유가 자신이 결코 상대방이 요구하고 원하는 모습이 될 수 없다는 데서 오는 해묵은 절망이라면, 남겨지는 그레이스의 항변은 내내 입을 다물고 있던 당신이 날린 최후통첩은 공평하지 않다는 것이다.

두 사람 모두에게 고르게 이입하는 순간도 많지만, 부모의 헤어짐을 대하는 자식의 입장에서 탄생한 이 각본은 어쩔 수 없이 아들 제이미(조시 오코너)의 시선을 자주 우회한다. 부모의 고통을 충분히 헤아릴 수 없다는 죄책감, 늘 나의 보호자였으나 이제 내가 역으로 그들의 보호자가 되어야 한다는 두려움이 제이미를 에워싼다. 일련의 시간을 보내고 그가 남기는 글은, 내가 언젠가 나의 부모에게 전하고 싶지만 언어로 정리되지 않던 마음의 요체였다.

"당신들이 영원히 강인하기를 바라는 절 용서하세요 / 당신들의 불행을 두려워하는 절 용서하세요 / (…) 그리고 절 놓아주세요."

개봉 후 관객과의 대화에서 패널로 만나 함께 이야기를 나눈 김소연 시인은 제이미의 10년 혹은 20년 뒤의 관점을 생각해봤다고 했다. 그리고 그 시간 즈음을 통과하는 입장에서 다시 쓴 문장을 들려주었다.

"당신들이 얼마나 강인했는지를 가장 나중에 알아채는 사람이 나라는 사실을 / 당신들이 어떻게 불행했는지 영원히 모를 사람이 나라는 사실을 / 용서하세요."

이 문장에 깃든 담대한 아름다움을 계속해서 곱씹고 있다. 시가 누군가의 가장 행복한 순간보다 가장 불행한 순간 곁에 놓이는 언어라는 것을 이해하는 시인의 마음도, 깊이를 채 헤아릴 순 없지만 숭고하게 느껴진다. 로세티 시의 첫 구절이라는 "나는 여기에 와본 적이 있다(I have been here before)"는 당신의 고통을 이해한다는, 나 역시 같은 길을 걸어본 적이 있다는 공감이다. 시인의 언어란 바로 거기에서 출발하는 것이 아닐까 하는 얕은 짐작을 해보고 있다.

고요하지 않은 마음들을 시처럼 응시하며

——— **정말 먼 곳**

박근영 감독의 영화에서는 시(詩)가 중요하게 쓰인다. 〈한강에게〉(2018)에 이어 〈정말 먼 곳〉(2021)에도 시가 등장한다. 단순히 중요하게 등장하는 수준이 아니라 영화의 작법 자체가 단어 선택과 운율의 형태, 행간의 거리감까지 총체적인 하나의 인상으로 복무하는 시의 형태를 닮았다. 서로 다른 두 매체의 영역은 어떻게 포개어지고 활용되며 닮아갈 수 있는가. 박근영 감독의 지속된 영화적 실험은 이 같은 방식을 긍정적으로 사유하게 한다. 인물에 깊숙이 다가가기보다 멀찍이 떨어져서 그들이 서 있는 곳, 그들이 나누는 말의 공기를 전달하고 싶은 것이 매번 감독의 궁극적 목표가 아닐까 추측해본다. 오히려 그는 그것이 인물 각자가 품은 슬픔에서 멀어지지 않고 더욱 내밀하고 충실하게 목격하는 방식이라고 생각하는 것 같다.

〈정말 먼 곳〉은 무례할 정도로 모든 거리감이 단축되고 속도는 빨라지는 때에 정반대의 방식으로 시네마의 본질에 가까워지려는 노력의 결과물이다. 인물들의 마음에 너른 여백을 허락하고, 또 그것을 멀찍이 바라보면서 그 자체로 하나의 풍경이 되기를 자처한다. 동시에 멀어지는 것이 무심한 관조는 아님을 말한다. 각기 다른 이유로 이방인이 될 수밖에 없는 이들의 사연은 날카롭게 가져가면서도 표현 방식에서는 조금은 다른 길을 제시한다. 인물들이 통과하는 마음과 시간이 자연과 합쳐지고, 그것이 다시 보는 이에게 푹 젖어들게 만든다.

인간사의 고민이 점처럼 보일 만큼 광활한 자연 풍광, 어떠한 과시도 없이 그저 살아내듯 인물을 체화한 배우들의 얼굴과 몸, 간헐적으로 오가는 말들의 속도가 너무나 아름다워서 숨마저 참게 되는 몇 번의 순간이 있었다. 영화는 아득하게 먼 곳을 바라보게 하지만, 동시에 보여주고자 하는 많은 것을 관객의 옆에 가만가만히 놓아두고 있다. 어느덧 거기에 온전히 스며들 수 있도록.

인물과 세상을 향한 가열찬 응시

——너의 눈을 들여다보면

ケイコ目を澄ませて

자기 자신을 최선으로 대하고, 스스로를 둘러싼 세계를 존중하는 방식의 투쟁을 지속하는 일. 미야케 쇼 감독의 영화 안에서는 그것이 곧 '살아가는 일'이다. 그는 과거에 한 영화 워크숍에서 이런 말을 했다고 한다.

"영화를 찍는다는 것은, 영화가 없다면 존재하지 않았을 타인에 대해 부모나 연인보다 깊게 생각하는 것입니다."

인물과 세상을 향한 가열차고도 정성스러운 응시를 보여주는 이 작품이 포착하는 삶은 농인 복서 케이코(키시이 유키노)가 링 위에서 벌이는 고독한 사투의 순간들, 그리고 타인과의 끊임없는 연결을 통해 홀로 듣지 못한 것과 바라보지 못한 것을 배우는 시간의 순환이 더해진 결과다. 미야케 쇼의 영화들은 차라리 우리 앞에 당도한 새로운 동시대의 영화적 언어라 불러도 좋을 것이다.

마침내 이 영화를 흠모하겠다는 결심

——— **헤어질 결심**

사랑한다는 말이 등장하지 않는 곡진한 멜로, 파격 대신 애수를 가득 채워 넣은 박찬욱 감독 세계의 우아하고 새로운 경지. 〈헤어질 결심〉은 상업영화로서의 재미와 작가적 개성 모두를 성취한 결과물이다. 한 예술가의 도취적이고 난해한 결과물이 아닌, 영화의 미학을 최대한으로 정성껏 구현해 대중에게 건네는 손짓이다.

〈헤어질 결심〉은 정확한 감정을 제시하는 대신 불분명하고 모호한 길을 간다. 마치 그것만이 멜로의 핵심이라는 해석처럼 보이기도 한다. 영화가 그리는 것은 서로 정답처럼 딱 맞아떨어져 행복을 완성하는 사람들의 것이 아닌 연속한 어긋남 끝에 한껏 구겨진 사람들의 초상이다. 직접적인 단어는 주고받은 적이 없지만, 온 얼굴과 마음이 사랑을 향하고 있었기에 결국 붕괴될

사랑한다는 말이
등장하지 않는 곡진한 멜로,
파격 대신
애수를 가득 채워 넣은
박찬욱 감독 세계의
우아하고 새로운 경지.

수밖에 없었던 이들의 이야기다. 봉합의 완결이 아닌 영원성을 품은 미결로서의 사랑. 애수와 회한은 안개처럼 자욱하게 영화를 감싼다.

구조적으로 이 영화의 시선은 해준(박해일)의 것이지만, 경로 자체는 서래(탕웨이)의 마음을 따라가도록 설계되어 있다. 마치 작품 전체가 수사 과정 같다. 자신의 것뿐 아니라 해준의 태도와 감정까지 먼저 읽고 행동하는 쪽은 서래이며, 서래가 남긴 사건과 감정의 흔적을 짚어 따라가 보는 것이 해준의 몫으로 남는다. 해준이 서래를 관찰하며 파악하는 동안 영화는 해준이 어떤 사람인지 명료하게 제시한다. 그는 직업적 자부심이 남다른 사람이다. 죽은 사람의 경로를 고지식하리만치 그대로 따라가 보려는 집요함이 있고, 낭만 없는 결혼 생활에도 나름의 최선을 다하는 남자. 달리 말하면 그것은 해준이 지키고자 하는 품위다.

해준은 남편의 죽음을 '말씀'으로 듣는 대신 사진을 보고 확인하겠다는 서래가 자신과 같은 부류임을 직관적으로 알아본다. 해준이 수년을 매달린 질곡동 사건의 핵심이 사랑이라는 감정과 얽혀 있을 것임을 간파한 이 역시 서래다. 두 사람은 기질적으로 닮은 구석이 많다. 하지만 관계의 폭을 좁히기란 쉽지 않다. 서래는 타국에서 온 이방인이자 이제 막 남편을 잃은 미망인이다. 해준은 지금껏 일에서나 결혼 생활에서나 도덕적이고 깔끔한 태도를 지켜온 사람이다.

산꼭대기에서 시작해 만조의 바닷가에 이르는 이동은 물리적인 공간의 동선인 한편, 인물들의 심리적 동선이기도 하다. 여기까지 가는 동안 해준은 서래를 향한 의심과 애정으로 인해 똑바로 직시해야 할 것을 놓쳤다는 자괴감으로 무너져 내린다. 그의 입장에서는 품위를 손상한 것이다. 서래는 그런 해준을 사랑하는 자신만의 방식으로 그 자신이 미결 사건이 되기를 택한다. 내 시작과 당신의 시작이 같지 않다는 얄궂은 비극 역시 이들을 에워싼다. 두 사람의 발걸음이 필연적으로 사랑의 지속이 아닌 헤어질 결심을 향해 가는 이유다.

한편으로 이 제목은 상대가 아니라 그를 만나기 이전의 나 자신과 헤어질 결심을 하는 사람의 감정처럼 느껴지는 측면도 있다. 결심이라는 단어에는 가까운 미래를 향한 비장함이 깃들어 있다. 그건 일종의 과단성이며, 무수한 갈래의 '만약에' 사이에서 절실하게 답을 구했을 자의 것이다. 가치관, 믿음, 시선이 머물렀던 곳까지 지금껏 단단하게 쌓아 올렸던 나의 세계가 무너지더라도 당신이라는 변화를 받아들이겠다는 각오.

하지만 헤어짐을 결심하는 행위는 무용하다. 주체가 오직 나뿐일 때와는 다르게 관계 안에서 홀로 내리는 모든 결심은 어쩔 수 없는 반쪽짜리이기 때문이다. 사랑은 내 마음을 알맞게 재단해 원하는 자리에 가져다 놓는 자체가 불가능한 시작이었지만 헤어짐은 그게 가능할 거라고 믿는 사람의 것이라기에도, 혹은 끝을 내야만 하기에 괴로운 사람의 것이라기에도 슬픈 결심으로 느껴지긴 마찬가지다. 진작 이 모든 것을 알아차렸으며 "우리 일을 그렇게 말하지 말아요"라는 서래와는 달리 "우리 일 무슨 일이요?"라고 대답하는 해준은 가여운 사람이다. 되묻는 첫마디와는 달리 그는 곧바로 '우리 일'을 말로 쏟아내기 때문이다. 그는 이제는 이전의 자기 자신으로 영영 돌아갈 수 없다는 것도 모르고 있다. 사랑이, 사랑인 줄도 모른다.

박찬욱 감독과 정서경 작가는 함께 작업해온 그간의 작품 안에서 언어의 활용을 적극적으로 탐색해왔다. 서로 다른 언어의 이질성을 유희하고 실험한 〈아가씨〉(2016)가 대표적이다. 〈헤어질 결심〉에서 한국어와 중국어는 관계의 비극을 고조시키는 동시에 흥미로운 멜로의 장치로 쓰인다. 고전 사극과 드라마를 통해 한국어를 배운 서래의 범상치 않은 표현들은 해준으로 하여금 말을 곱씹게 하고, 스마트폰과 같은 기기 번역을 통해 얼마간의 시차가 발생한 서로의 말들은 뒤늦은 마음을 부추긴다. 마침내, 붕괴, 단일한 같은 단어의 적절하고도 유려한 활용 역시 작품의 격을 만든다.

말이 부딪치며 발생하는 공백을 채워 넣는 것은 감각 묘사다. 자신의 숨소리에 규칙적으로 숨을 맞추며 잠에 들라는 서래의 주문, 취조실에서 서래가 손에 뿌리고 온 향수의 향을 음미하는 해준의 표정 등은 적나라한 성애의 장면보다 훨씬 섬세한 방식으로 오감을 자극한다. 연기, 촬영, 미술, 사운드 등 모든 것이 어우러진 영상 예술의 미학을 여실히 느끼게 한다는 점에서 시네마의 본질에 가까이 선 작품이기도 하다. 알프레드 히치콕, 클로드 샤브롤의 작품 등 여러 레퍼런스가 떠오르는 이유는 이 영화가 독창적이지 않아서가 아니다. 그만큼 다양한 결의 시네마틱한 순간들을 보여주고 있기 때문이다.

사실 〈헤어질 결심〉에 대해서는 최대한 공들여 많은 것을 쓰고 싶다가도 이내 한 글자도 쓰고 싶지 않았다. 영화가 건넨 감정들을 마음 안에 그저 가둬놓고 싶어서였다. 만조의 바다에 스스로를 파묻는 심정으로. 볼 때마다 사무친다는 느낌이 전신을 휘감는다. 이 영화를 떠올릴 때면 영원히, 완벽하게 쓸쓸하다. 설령 그 감정에 완전히 붕괴되더라도 불만은 없을 것이다.

달콤 씁쓸한 우리의 도시

——— 사랑할 땐 누구나 최악이 된다

The Worst Person in the World

'자기만의 방'을 갖기까지의 자아 탐구와 롤러코스터 같은 감정의 여정, 도시의 공간성이 매혹적으로 얽혀든 2020년대 러브 포엠. 영화는 최악으로 괴상하고 이기적으로 구는 순간마저 사랑의 다른 이름이 되는 관계의 순간들을 정성스럽게 포착한다. 사랑하지만 사랑하지 않고, 안정적으로 머물고 싶지만 용맹하게 나아가고 싶은 감정의 모순을 이해하는 사람이라면 영화와 자기 자신이 강력하게 링크되는 순간을 발견할 수 있을 것이다. 다양한 챕터 사이의 괄호를 흥미롭게 유영하고, 감정을 분석하는 대신 있는 그대로 감각하며 관람하는 방식을 추천한다.

그 누구의 왕족도 아닌

—— 스펜서

Spencer

영국이 역사상 가장 사랑한 여성, 비운의 왕세자비, 나아가 세계적 아이콘이 된 이름. 다이애나 스펜서(1961~1997)는 이미 떠나고 없지만 그 이름만은 여전히 세상의 결에 머무르며 다양한 방식으로 재조명되고 있다. 〈스펜서〉도 그중 하나다. 다만 이 영화는 지금까지 다이애나를 다룬 그 어떤 작품과도 다른 결을 취한다. 파블로 라라인 감독은 이미 미디어에서 다양한 모습으로 제시된 그를 비슷한 방식으로 재연하거나 왕실과의 대립을 둘러싼 진실을 밝히는 것이 무용하다고 판단한 듯하다. 그는 미국의 퍼스트레이디였던 재클린 케네디를 주목한 〈재키〉(2016)에 이어 또 한 번 사회적 관습에 갇힌 현대 귀족 여성의 비극적 초상화를 제시한다. 여기서 핵심은 비극이 아니라, 인물이 그것을 어떻게 극복하려 하는지에 있다.

✧

—

〈스펜서〉는 1991년, 다이애나(크리스틴 스튜어트)가 왕실의 전통에 따라 샌드링엄 별장에서 크리스마스 휴가를 보내는 3일간의 이야기를 그린다. "실제 비극을 기반으로 꾸민 이야기"라는 자막으로 시작하는 이 영화는 시종 불안하게 신경을 자극하는 음악과, 아름답지만 음울한 기운을 풍기는 미술을 바탕에 둔 호러 심리극에 가깝다. 특정 공간을 배경으로 인물의 황폐한 내면을 여행한다는 점에서는 〈샤이닝〉(1980) 같은 작품을 연상하게 될 정도다. 왕실의 법칙에 세련되게 길들여진 일원이 되기보다 자유롭게 달리기를 꿈꿨던 한 인간을 조명하는 일. 제목이 다이애나의 결혼 전 성인 '스펜서'인 점은 작품이 도달하고자 한 목표가 무엇인지를 명료하게 드러낸다.

영화에 처음 모습을 드러내는 순간부터 다이애나는 이미 길을 잃은 상태다. 이는 아예 직접적 에피소드로 드러난다. 수행원 없이 홀로 차를 몰고 별장으로 가는 길에 다이애나는 길을 잃는다. 지도를 보는 데 어려움을 느끼던 그가 이윽고 한 식당에 들어선다. 모두의 눈과 귀가 다이애나를 향하는 사이 그가 묻는다.

"여기가 어디죠? 어딘지 전혀 모르겠네요."

바로 앞 장면에서 군용 수송 차량이 별장으로 3일 치 식재료를 운반하는 모습을 마치 전시 상황처럼 제시한 영화의 카메라는, 다이애나를 마치 길 잃은 패잔병 같은 모습으로 담고 있다.

그가 목숨처럼 지켜야 하는 왕실의 전통은 고루하다. 식사 자리에 늦지 않을 것. 난방 기구는 사용하지 않으니 오래된 별장의 추위를 요령껏 견딜 것. 시간마다 미리 정해진 의복을 착용할 것. 커튼으로 창문을 가릴 것. 즐거운 휴가를 보냈다는 증명을 위해 3일 동안 몸무게를 늘릴 것. 다이애나를 둘러싼 시제에는 미래가 없다. 전통이 지배하는 과거와 나란한 현재뿐이다. 감금과 같은 규칙들 안에서 다이애나는 "싫은 일도 몸이 할 수 있게끔 해야" 하는 삶을 강요당한다.

영화는 섭식 장애와 숨 막히는 왕실의 법도 그리고 남편의 불륜 사실에 이르기까지 전방위적 압박감을 버티고 있는 다이애나를 스크린에 투사한다. 카메라는 고통받는 주인공의 내면을 묘사한다는 명분과 관음증적 시선 사이에서 끊임없이 진동한다. 이를 위해 영화는 현실과 환상의 경계를 의도적으로 계속 지워나가고, 다양한 은유와 상징으로 다이애나의 상황을 빗댄다.

남편 찰스 왕세자(잭 파딩)가 선물한 진주 목걸이가 대표적이다. 다이애나는 남편과 불륜 관계에 있던 카밀라 파커 볼스가 똑같은 목걸이를 받았다는 사실을 이미 알고 있다. 목걸이는 마치 죄수를 묶은 쇠사슬처럼 목을 죈다. 이윽고 다이애나는 모두가 모인 식사 자리에서 목걸이를 손으로 잡아 뜯는다. 그러곤 수프 위로 쏟아진 진주를 분연히 입으로 떠 넣는다. 왕실의 법도를 삼

켜버리듯 진주를 오도독 씹는 다이애나의 모습 뒤로 바로 이어지는 장면은, 그가 화장실로 달려가 음식물을 모두 게워내는 모습이다. 목에 걸린 목걸이는 그대로다. 현실은 바뀔 수 없다.

찰스 왕세자와 다이애나의 두 아들을 제외하고, 휴가를 위해 모인 왕족 일가는 마치 박제된 초상화처럼 언어를 갖지 못한다. 여왕만이 유일하게 다이애나의 무너지는 내면을 잠시 어루만질 자격을 얻는다.

"파파라치 때문에 고생이 많겠구나. 지폐에 들어갈 것도 아니니 신경 쓰지 마라. 그들이 뭘 찍든 종잇조각에 불과해."

대신 영화는 앤 불린의 유령을 다이애나의 곁에 소환한다. 영국 헨리 8세의 두 번째 왕비이자 엘리자베스 1세의 어머니로, 아들을 낳지 못한 죄와 간통과 이단 등의 온갖 혐의를 뒤집어쓰고 처형당한 비운의 왕비다. 그는 다이애나를 둘러싼 불안의 전조이자 근미래처럼 보인다.

실제로 다이애나는 지속적인 자기 파괴의 충동에 시달린다. 다이애나가 별장 인근, 유년 시절을 보냈던 집으로 철조망을 끊고 침입하듯 들어가는 장면에서 이를 둘러싼 긴장감은 최고조에 달한다. 다 썩어가는 계단 위에 위태롭게 선 채 밑을 내려다보는 다이애나의 곁에는 앤 불린이 있다. 진주 목걸이는 계속 목을 죈다. 그는 결국 영혼을 잠식당할 것인가.

만약 여기에서 그쳤다면, 〈스펜서〉는 다이애나의 고통을 탐미적으로 소비했다는 혐의로부터 자유롭지 못했을 것이다. 하지만 영화는 유령이 다이애나를 삼키도록 두지 않는다. 극의 초반, 다이애나는 벌판에 선 허수아비가 입은 코트를 벗겨 별장으로 가지고 온다. 이는 아버지와의 추억이 얽힌 유년 시절의 상징과도 같은 물건이며, 한 인간으로서 다이애나의 정체성을 끊임없이 상기시키는 장치다. 과거는 그를 스스로 사고하고 움직이는 인격체의 위치로 되돌려놓는다. 말하자면 〈스펜서〉는 샤넬의 우아한 오트 쿠튀르 드레스와 진주 목걸이의 속박에서 벗어난 다이애나가 낡은 빨간 코트로 대변되는 자유와 해방을 필사적으로 되찾는 이야기다.

영화가 추구하는 운동성의 방향은 그래서 중요하다. 요컨대 〈스펜서〉는 유령 같은 음습함이 맴도는 갇힌 공간으로부터 시작해 가장 자유롭고 따사로운 성질을 향해 부지런히 나아가는 영화다. 식음을 거부하는 몸에 스스로를 가둔 채 흐릿하게 배회하던 존재는, 점차 온전히 자신의 두 다리로 단단하게 땅을 지탱하며 힘껏 달리고 목청껏 노래하는 육체성을 회복한다. 이 영화는 그 또렷한 자각이자 증명의 과정이다.

대중과 미디어의 비대한 관심 안에서 낱낱이 분해되면서도 절대로 길들여지지 않는 본연의 성질을 곧 자신의 인장으로 만드는 사람. 이는 다이애나와 그를 연기한 배우 크리스틴 스튜어트의 나란한 공통점으로 보인다. 이 영화 속 스튜어트의 연기는, 다이애나라는 사람이 누구인지를 보여주는 가장 매혹적인 방식의 성취로 기억될 것이다.

기계를 통한 존재론적 사유

——— 애프터 양

After Yang

기억을 통한 사유가 인간만의 고유한 속성이 아니라고 한다면, 기계와 인간을 가를 수 있는 기준은 무엇일까. 그전에 기계에 저장된 '메모리'를 기억이라고 부르는 것은 합당할까. 그것 역시 인간의 관점에서 서술될 수 있는 그 무엇은 아닐까.

〈애프터 양〉의 시간 배경은 인간의 외양을 한 안드로이드 '테크노 사피엔스'가 다문화 가정의 보편적 일원으로 녹아든 근미래다. 제이크(콜린 파렐)와 키라(조디 터너 스미스) 부부는 입양한 딸 미카(말레아 엠마 찬드라위자야)를 위해 중국인으로 설정된 테크노 사피엔스 양(저스틴 H. 민)을 구매해 함께 살아왔다. 미카가 자신의 문화적 배경을 이해하도록 하기 위해서다. 양은 미카의 다정한 오빠, 제이크 부부의 속 깊은 아들로 오랜 세월 함께했다.

어느 날 양이 갑자기 작동을 멈추면서 본격적인 이야기가 펼

기억을 통한 사유가
인간만의 고유한 속성이
아니라고 한다면,
기계와 인간을
가를 수 있는 기준은
무엇일까.

쳐진다. 미카의 양육을 양에게 전담하다시피 했던 부부는 당혹스럽다. 양을 정식 경로로 구매하지 않은 탓에 여러 수리 업체를 전전하던 제이크는 그의 중심부에 숨겨진 기억 장치가 있다는 사실을 알게 된다. 양에게는 가족이 알고 있던 것보다 훨씬 오랜 세월의 기억이 존재한다.

영화의 원작은 알렉산더 와인스타인의 단편 '양과의 작별(Saying Goodbye to Yang)'이다. 소설이 극 중 주인공과 로봇 수리자들 사이의 논쟁을 중심으로 이야기를 펼친 것과 달리 영화는 화자에 제이크라는 이름을 붙이고, 그가 양의 메모리를 들여다보며 가족과 함께한 시간을 돌아보는 구성으로 확장했다.

제이크가 열어본 양의 기억은 인간의 유한성을 목격하는 과정이다. 결코 영원하지 않기에 더 진하게 느껴지는 아름다움과 슬픔이 그 안에 존재한다. 제이크는 그렇게 '온전히 인간이 아닌' 존재의 기억을 통해 가장 인간다운 무언가를 목격한다.

인간 남성인 제이크는 딸의 정서적 육아를 양에게 일임하면서도, 안드로이드와 같은 기계의 존재에 대해 은근한 거부감을 가지는 인물이다. 양과 특별한 관계를 가졌던 복제 인간 에이다(헤일리 루 리처드슨)를 만났을 때 제이크는 양이 인간이 되고 싶어 했는지를 묻는다. 그때 에이다는 "모든 존재가 인간이 되고 싫어 한다고 생각하는 것은 너무 인간 중심적 사고"라 지적한다. 이 지적은 인간과 안드로이드를 둘러싼 윤리의 문제에서 보다 보편적인 인간 사회의 화두로까지 나아간다. 기계를 필요로 하면서도 그것을 향해 은근하게 드러내는 인간의 적대심은 다른 인종을 대하는 태도와도 연결된다. 아시아인의 정체성에 대해 고민하는 양의 태도는 고국이라는 뿌리를 경험하지 못한 채 살아온 후대 이민자들의 고민에 포개진다. 예컨대 제이크와 중국 차(茶)에 대해 논하는 양의 기억은 실제 그의 것이 아니라 프로그래밍된 것이다.

"차가 그냥 지식이 아니면 좋겠어요. 장소와 시간에 관한 진짜 기억이 있으면 해요."

그러나 삶의 유한성으로부터 가장 자유로운 존재 역시 양이다. 인간은 "애벌레에겐 끝이지만 나비에겐 시작이다"라는 말에 매달려 언젠가 찾아올지 모르는 희망을 말한다. 그런 인간들에게 양은 말한다.

"그런 믿음은 제 프로그램에는 없어요. 저는 마지막에 아무것도 남지 않아도 괜찮아요."

감독은 제이크가 양의 기억을 들여다보는 과정을 마치 드넓은 우주를 유영하는 듯한 연출로 선보인다. 모든 존재는 하나의 깊고 너른 우주다.

양이 남긴 기억들은 일견 사소하다. 그를 거쳐 간 모든 가족의 일상, 햇볕이 벽에 드리우는 그림자, 풀밭의 따스한 촉감, 애정을 느끼는 대상을 바라보는 시선 같은 것들이 대부분이다. 제이크는 양의 메모리에 저장된 가족의 순간을 통해 자신의 주관적 회상을 겹친다. 객관적으로 기록된 과거는 제이크가 떠올린 과거로 다시 한번 변주된다. 인간의 시공간을 기록함으로써 관객 각자의 사유를 재생산하는 영화의 기능과 닮았다는 점에서, 〈애프터 양〉은 카메라, 나아가 영상 매체의 의미를 가늠하게 만들기도 한다.

우리에게 실제로 찾아올지 모를 미래를 배경으로 존재론적 사유를 폭넓게 경험하도록 하기에 〈애프터 양〉은 좋은 SF다. 기억과 상실, 가족과 개인의 정체성을 깊게 탐구하는 철학의 체험은 분명 귀한 것이다.

파격과 광기의 질주

―― 마스크걸

'끝내주게 못생기고 끝내주게 몸매 좋은 여자, 김모미.' 웹툰 〈마스크걸〉의 공식 소개글이다. 꽤나 직설적이지만 주인공을 이보다 더 잘 표현할 수 있는 문장도 없다. 무대에서 사람들의 박수와 함성을 듣는 게 좋아 연예인을 꿈꿨던 소녀는, 자신의 바람과는 다르게 점점 못생겨지는 외모 때문에 좌절한다. 그래서 택한 마스크는 어느덧 그를 뜻하지 않은 인생의 경로로 이끈다. 동명 웹툰의 각색을 거쳐 넷플릭스 오리지널 7부작 시리즈로 탄생한 〈마스크걸〉은 원작의 문제의식을 그대로 가져온다. 외모지상주의 사회가 만들어낸 잔혹하고 어두운 그림자를 정면으로 조준한다는 점에서, 이 작품은 '흥미로운 문제작'을 기꺼이 자처한다.

아름다움은 돈이 된다. 비약이라고 느껴진다면 현실을 보자. 연예인들의 완벽한 외모는 인기의 가장 쉬운 척도이자, 동경과 찬사의 대상이다. 재능의 유무는 그다음 문제다. 비연예인이었던 누군가가 출중한 외모 덕에 하루아침에 유명세를 가지는 건 어제오늘 일이 아니다. 세상은 이들에게 셀러브리티, 인플루언서 같은 이름을 붙여준다. 심지어 범죄자임에도 외모가 근사한 경우 머그샷이 화제에 오르기도 한다. 인터넷 개인 방송은 훨씬 더 적나라한 평가와 보상의 세계다. 외모를 무기 삼아 실시간으로 돈을 버는 것은 이제 일부 BJ들의 방식이 아니라 하나의 거대한 문화다. 그러니까, 새삼스럽지만 이게 다 외모 때문이다.

낮에는 평범한 직장인, 밤에는 인터넷 방송에서 마스크로 얼굴을 가린 채 몸매를 뽐내며 춤을 추는 〈마스크걸〉 속 김모미의 캐릭터는 요즘 같은 시대 배경 안에서 충분한 현실성을 가진다. 이 정도의 이중생활은 흔한 일일지 모른다. 그러나 〈마스크걸〉은 극의 진행을 쉬이 예상할 수 있는 작품이 아니다. 모미를 둘러싼 상황들은 예측 불가능한 선을 그리며 걷잡을 수 없이 커져간다. 그 중심에 살인이 있다. 〈마스크걸〉은 단기간의 관찰이 아닌, 의도치 않은 살인 이후 신분을 바꾸어 살아갈 수밖에 없는 김모미의 인생 궤도를 긴 시간에 걸쳐 추적한다. 그 안에서 모미는 성형수술을 감행한 뒤 '쇼걸' 아름이로, 이후에는 '죄수 번호 1047'로 불리는 인생을 산다. 이한별, 나나, 고현정까지 각기 다른 세 배우가 모미를 연기한 배경이다.

모미의 시점으로만 진행되는 원작과는 달리 〈마스크걸〉은 중심인물이 계속해서 바뀌는 다중 캐릭터 플롯을 택했다. 김용훈 감독은 피 묻은 돈 가방을 둘러싼 인물 군상들의 사연을 그린 스릴러 〈지푸라기라도 잡고 싶은 짐승들〉(2020)에서 같은 포맷을 선보인 바 있다. 선과 악으로 단순하게 나뉘는 게 아니라, 누구의 관점을 경유하느냐에 따라 인물들의 선택과 행동이 조금씩 달리 보이는 효과가 극대화된다. 1화 '김모미'를 시작으로 7화까지 〈마스크걸〉의 각 에피소드에는 그 회차의 중심이 되는 인물의 이름이 부제로 붙는다. 마스크걸의 광팬이자 음울한 성적 욕망을 지닌 주오남(안재홍), 행방불명된 아들 오남을 찾기 위해 모미를 집착적으로 쫓는 삶을 살게 된 김경자(염혜란) 등이 차례로 등장한다. 이들을 움직이게 하는 건 저마다의 모양으로 뒤틀린 내면의 욕망이다.

〈마스크걸〉은 모든 인물에게 양면성을 부여한다. 사람들의 사랑을 받길 원했던 모미는 범죄를 저지르고, 마스크걸을 성적 대상 삼는 다른 사람들과 자신을 차별화했던 오남은 그릇된 방식으로 모미를 소유하고 싶어 한다. 김경자는 자식을 위해 무엇이든 할 수 있는 헌신적인 어머니이지만, 동시에 자신의 바람대로 성장하지 않은 아들을 부끄러워했다는 죄책감에 사로잡힌다. 그 결과 종교적 믿음과 도덕적 신념을 앞서는 맹목적 추격만이 유일한 삶의 목적이자 구원의 동아줄이 된다. 크게 보면 〈마스크걸〉은 만날 일 없던 사람들이 뜻하지 않게 얽힌 채 오랜 시간에 걸쳐 서로의 삶을 끝없이 추락시키는 피폐한 대결이기도 하다. 잘못된 사회적 인식의 피해자이자 범죄의 가해자로 얽힌 이들을 사랑할 것인가, 미워할 것인가, 아니면 연민할 것인가. 〈마스크걸〉의 인물들을 바라보는 입장은 깔끔하게 한 방향으로 수렴될 수 없다.

애초에 〈마스크걸〉은 유쾌한 공감보다는 불편함 편에 서는 쪽을 택한다. 여러 사회적 혐오 기제를 전면에 내세우기 때문이다. 외모지상주의를 비롯해 왜곡된 성(性) 의식, 자식을 향한 비뚤어진 사랑, 부모의 죄를 어린 자식에게 대물림하는 비윤리 등 인물들을 둘러싼 상황은 모두 쉽지 않은 배경이다. 그러나 이는 분명 동시대에 만연한 풍경이기도 하다. 〈마스크걸〉의 연출은 어느 한쪽으로 기울기보다는 메시지들을 직설적으로 표출하는 방식과, 일종의 만화적 판타지를 허용하는 방식 모두를 저글링하듯 유연하게 활용한다. 속도감과 유머는 작품의 좋은 무기다.

원작이 '영원히 구원받지 못할 그 이름, 원한의 귀신들과 함께 구천을 떠도는 운명'으로 모미의 선택들을 단죄하는 듯한 결말을 택한 것에 반해, 〈마스크걸〉은 조금은 다른 선택지로 가기 위해 고심한 흔적들을 남긴다. 모미를 비롯한 인물들은 위악적으로 타고난 성정인 아닌 상황에 따른 선택들로 악인 혹은 그림자가 된 사람들이다. 4화의 중심인물인 김춘애(한재이)가 모미의 연적에 가까웠던 원작에서 벗어나 쌍둥이 같은 의미의 조력자로 각색된 것도 중요한 변화다. 마스크는 김모미가 성형수술을 한 이후부터 필요가 사라진 물건이지만, 그 의미만큼은 계속해서 변주하며 생명력을 이어간다. 물리적으로 썼던 마스크가 사라진 '모미들'의 얼굴에는 본연의 모습이 아닌 정체성이 자꾸만 덧대어진다. '마스크걸'은 인생에서 내가 아닌 다른 존재가 되기 위해, 혹은 사회가 호명하는 모습을 위해 자신만의 마스크를 쓰는 모든 이를 대변하는 이름이기도 하다.

판타지가 아닌 지향점을 제시하는 힘

——— 다음 소희

실적과 돈, 한낱 문서로 인간을 물건 줄 세우듯 하는 사회의 룰 안에서는 인간다움을 지키려 안간힘을 쓰는 이들이 가장 먼저 낭떠러지로 밀려난다. 애초에 그들에게 제대로 된 선택지는 없다. 책임지는 사람 역시 존재하지 않는다. 모두가 자신에게 잘못이 없다고 말하기 때문이다. 그사이 길에서, 버스 정류장에서, 내 옆자리에서, 오늘도 당신이 무수히 마주칠 어린 '소희들'은 늘어만 간다. 〈다음 소희〉는 현실을 직시하는 데서 나아가려 애쓴 흔적 때문에 더욱 마음이 가는 영화다. 무력한 고발에서 끝나지 않고, 사회적 죽음을 방조한 자들에게 책임을 묻고 "너의 고통을 홀로 떠안지 말라"고 말하는 어른이 등장한다. 그것은 판타지가 아니라, 지향점이 되어야만 한다.

동시대 예술의 모든 논쟁적 이슈를 껴안은 이름

——— TAR 타르

TÁR

ART의 애나그램으로 만든 TAR라는 이름, 관객을 지속적으로 혼란스럽게 만드는 장치들, 예상 안으로 포획되지 않는 서사의 흐름, 실존하지 않는 인물을 둘러싼 실제 같은 묘사들. 마치 거대한 농담 같기도 한 이 영화는 한 인물의 복합적 모순을 들여다보는 심리 드라마인 동시에, 예술을 둘러싼 동시대의 모든 논쟁적 이슈들을 껴안은 전방위적 표현이다. 정점에서 바닥으로 추락하는 인물의 사연에는 날개가 없지만, 인물을 연기하는 배우 케이트 블란쳇의 비상은 반비례다. 그는 리디아 타르라는 옷을 입고 말 그대로 날아오른다. 한 배우가 만들어낼 수 있는 어떤 정점이 또 한 번 교체되는 순간을 목격하게 하는 영화다. 빼어난 연기 덕에 가려질 수 있지만, 이 모든 세계를 창조하고 펼쳐낸 토드 필드 감독의 연출 역시 분명 경탄의 대상이다.

한 사람의 눈에 담긴 우주를 보았다

——— **오펜하이머**

Oppenheimer

한 사람의 시간이 분열하며 연결되는 사람들과 자가 증폭하는 사건들이 시대의 이데올로기를 만나 거대한 폭발을 일으키는 과정. 가장 높은 곳을 향해 가는 무기의 서사와 가장 낮은 곳으로 추락한 인물의 서사를 동시에 진행시키며 발생하는 낙차는 광활한 충격이다. 두 개의 청문회를 활용한 구조, 가장 강렬한 순간에 영광의 나팔소리가 아닌 죽음의 그림자를 펼쳐 보이는 이 야심의 드라마는 치열하지만 일견 우아한 오페라의 연주처럼 느껴지는 지점마저 있다. 물리학만큼이나 방대하고 복잡한 이야기들이 수렴하는 곳에는 무수한 이념과 논리와 관계와 시간 속에 놓였던 연약한 개인의 초상이 있다. 내가 만든 것이 진정 무엇인지 바라보는 과학자의 눈. 그 안에 담긴 폭풍의 소용돌이야말로 이 영화가 지향한 스펙터클의 정체다.

✧

—

수수께끼 같던 예술가, 아버지에게

—— 물방울을 그리는 남자

평생 한 예술가를 대표하는 상징이 있다. 앤디 워홀의 캠벨 수프, 쿠사마 야요이의 호박 같은 것. 김창열(1929~2021) 화백의 경우엔 물방울이다. 1972년 공개한 작품 '밤에 일어난 일'을 시작으로 그는 50년간 오로지 물방울만 그렸다. 세상은 그런 그를 '물방울 화가'라 불렀다.

일제 강점기와 6.25 전쟁 등 한국의 비극적 역사 속에서 청년기를 보낸 김창열 화백은 1969년부터 프랑스에 정착했다. 캔버스 뒷면에 뿌려놓은 물이 만든 물방울의 신비로움에 우연하게 매료된 것이 그의 인생을 바꿨다. 백남준, 김환기, 박서보와 함께 한국을 대표하는 화백으로 자리매김한 그는 2012년 한국 화가 최초로 프랑스 문화예술공로훈장인 레지옹 도뇌르 오피시에를 받았다.

왜 물방울인가. 김창열 화백에겐 평생 이 질문이 따라다녔다. 그때마다 그는 속 시원한 답을 말한 적이 없다. 모두가 각자의 짐작 안에서 머무를 뿐, 누구도 물방울의 진정한 뿌리를 찾지 못했다. 그건 가족도 마찬가지였다. 화백의 작품을 이해하기 위해, 나아가 "평생 산타클로스보다는 (수수께끼를 내는) 스핑크스 같았던" 아버지라는 세계를 이해하기 위해 아들은 카메라를 들었다.

〈물방울을 그리는 남자〉는 김창열 화백의 둘째 아들 김오안이 프랑스의 사진가이자 시노그래퍼(공연과 전시에 사용하는 시각 관련 콘텐츠 연출) 브리짓 부이요와 공동 연출한 다큐다. 김오안에게 화백은 물방울만 그리는 예술가이자 마냥 다정하지만은 않은 아버지, 침묵으로 주변과의 관계를 불투명하게 만드는 이방인이었다. 감독이 담담하게 써 내려간 뒤 직접 낭독한 내레이션은 이렇게 고백하고 있다.

"나 스스로 자각하기 위해 이 영화를 꼭 만들어야 했다."

백과사전식 나열이 아닌 시청각을 중심으로 한 공감각적 접근으로 인물에 다가선 이 다큐는 영상으로 쓴 아름다운 시처럼 보인다. 포착하는 대상을 닮는 다큐의 특성상, 화백 본연의 모습과 그의 작품처럼 소란하지 않은 힘이 느껴지기도 한다. 화면 곳곳을 채우는 김오안 감독의 내레이션은 그 자체로 완성도 높은 하나의 글이다. 그가 회상하는 화백에게서는 가장 가까운 곳에서 관찰했기에 발견될 수 있는 다각적 면모가 두드러진다.

감독은 화백을 "늙은 남자이자 고집스러운 생각을 가진 어린아이", 어린 시절 형과 자신에게 동화 대신 달마 대사의 이야기만 들려주는 괴짜 같은 사람이었다고 말한다. 잠을 자지 않기 위해 스스로 눈꺼풀을 잘라버린 수행자와 그의 제자가 되기 위해 팔을 잘라버린 인물의 이야기를 들려주던 아버지를 두고 감독은 "선불교의 폭력성에 매료되었을 것"이라고 짐작하는가 하면, "자신의 팔을 자를 만큼의 결기와 눈꺼풀을 잘라내는 의지가 광기가 되어 아버지의 완고함을 키웠다고 생각한다"라는 의견을 덧붙이기도 한다. 그는 화백이 물방울을 발견한 때를 "수도승처럼 살아온 그가 평생 기다려온, 달마 대사의 순간이었다"라고 말한다.

화백의 작품을 포함해 다큐를 구성하는 이미지들은 관객을 자연스럽게 물방울의 세상으로 이끈다. 힘차게 흐르는 강물, 작은 물방울들이 얼어붙어 완성된 설원의 풍경, 손자들이 부는 비눗방울, 전투기에서 떨어지는 동그란 낙하산들. 물방울은 아름답고 온전한 것이기도 하지만, 화백을 피와 죽음 가까이 묶어두는 이미지이기도 했다.

청년 시절 전쟁을 겪으며 가까이에서 목격한 숱한 죽음과 살아남았다는 죄책감은 평생 화백을 붙들었다. 죽음이 아직도 아버지 작업의 일부인지를 묻는 감독에게 화백은 이렇게 말한다.

"진혼곡이지. 일시적인 게 아니야. 계속되지. 추모를 위한 노래는 멈추지를 않아."

3.8선의 경계를 넘으며 달리기 전 기도했던 자신의 모습을 떠올리며 눈물을 흘리는 화백의 모습은, 다큐의 카메라가 포착한 가장 진솔한 순간 중 하나다. "신이시여, 만약 당신이 존재한다면 나를 도와주세요(Mon Dieu, si vous existiez, aidez-moi)."

평생 물방울을 그리며 마음을 다스렸던 예술가. 그런 아버지와 자신, 혹은 아버지와 세계 사이에 존재하는 틈을 들여다보고 싶었던 아들은 본질에 다가가고 싶어 한다는 점에서 닮아 있다. 감독의 말처럼 물방울을 하나 그리는 건 구상이지만, 수백수천 개를 그리는 것은 계획이다. 나아가 수십만 개를 그리는 마음은 무엇일까. "어떤 사람이 되어야 이런 종류의 예속력을 가질 수 있을까" 묻던 다큐의 카메라는 어느 순간 '왜 물방울인가'가 더는 중요한 질문이 아님을 말한다. 불안과 공포를 지우는 존재이자, 화백의 인생을 물들였던 진한 피를 순수한 물의 형태로 바꾸어낸 수행의 결과물. 물방울은 단순한 하나의 오브제이자, 세상의 모든 것이다. 누군가의 철학이자 온전한 삶의 방식이다.

✧

겨우 내가 된 나 자신을 바라보며

——— 절해고도

'절해고도(絕海孤島)'는 육지에서 아주 멀리 떨어져 있는 외딴섬을 뜻한다. 외로움을 두른 제목의 영화는 삶을 버텨내는 두려움을 말한다. 어느 대목마다 필요한 선택들을 했고, 선택 이후의 과정을 자신의 예상만큼 혹은 관계 안에서의 기대만큼 잘 해내지 못하면서 겨우 자기 자신이 된 나의 모습은 때때로 절망을 부른다. 그렇게 모든 것에서 도망치고 싶을 때 나와 내가 발 딛고 선 자리, 외따로 떨어진 섬 같은 관계들은 어떻게 다시 서로의 시선을 얻고 연결되며 의미를 가질 수 있을까. 〈절해고도〉는 쉽지 않지만 해야 하는 것들, 삶이 지속되는 한 끝내 외면할 수 없는 어떤 것들에 대해 찬찬히 말을 건넨다. 배우들의 연기는 수행의 과정처럼, 영화 자체는 사색처럼 다가오는 작품이다.

진실을 안다는 착각, 나는 아니라는 방관

—— **괴물**

怪物

고레에다 히로카즈 감독의 신작 〈괴물〉은 초등학교에 다니는 아들 미나토(쿠로카와 소야)가 심상치 않은 일을 겪는다고 직감한 사오리(안도 사쿠라)가 학교로 향하면서 벌어지는 이야기다. 남들과 다르면 별종 취급을 받는 걸까. 구분 짓고 단절되어야 하는 존재인 걸까. 어른들이 괴물의 실체를 찾아 나서는 동안, 아이들의 몸과 마음에는 씻을 수 없는 얼룩이 스며든다.

"괴물은 누구게?"

아이들로부터 천진하게 발화된 질문에서 출발한 영화의 속내는 그렇게 간단하지만은 않다.

영화의 막이 오르면, 으슥한 풀숲을 걷는 어린아이의 뒷모습이 보인다. 휘파람을 불며 손에 든 라이터를 빙빙 돌리면서 걷는 중이다. 이윽고 호수 기슭에 당도한 아이는 멀찍이 떨어진 화재 현장을 바라본다. 소방차의 사이렌 소리와 건물을 집어삼킨 불길, 밤하늘을 뒤덮은 연기가 가중하는 불안의 기운과 달리 아이의 뒷모습은 태연해 보인다. 마침 낙인처럼 등장하는 〈괴물〉이라는 붉은색 글자의 타이밍은 공교롭다. 화재와 아이의 연관성은 무엇일까. 아이는 방화범일까?

한편 베란다에서 같은 화재 현장을 지켜보고 있던 미나토는 엄마 사오리에게 묻는다.

"돼지의 뇌를 이식한 인간은 돼지일까, 인간일까?"

엉뚱한 질문으로 시작한 대수롭지 않은 대화라 여겼던 사오리는 이날을 기점으로 점차 미나토에게서 이상한 낌새를 발견한다. 숭덩숭덩 잘린 머리카락, 한쪽만 남아 있는 신발, 물통에서 쏟아져 나온 흙은 아이가 학교에서 괴롭힘을 당한다고 의심하기에 충분하다.

미나토의 힘겨운 지목과 여러 정황이 가리키는 이는 담임선생님 호리(나가야마 에이타)다. 그러나 사오리의 타당한 추궁에도 불구하고 교장(다나카 유코)을 위시한 학교 측은 "(선생님의) 손과 (아이의) 코의 접촉이 있었다"거나 "오해를 부른 점이 있다" 등 의문스러운 표현으로 일관한다. 호리의 태도 역시 반성의 기미라곤 없다. 얼마 후 호리가 결국 학교에서 연 학부모 공청회를 통해 공개 사과에 나서면서 사건은 일단락되는 것처럼 보인다.

그러나 〈괴물〉의 장막은 이제 막 한 꺼풀 벗겨졌을 뿐이다. 이후에 비로소 알게 되는 것이지만 여기까지는 아직 누구도, 아무것도 보지 않은 것에 불과하다.

고레에다 히로카즈 감독은 장편 데뷔작 〈환상의 빛〉(1995)을 제외하고 자신이 직접 쓴 각본으로 영화를 만들어왔다. 그러나 〈괴물〉은 이례적으로 사카모토 유지의 각본으로 연출했다. 일본 트렌디 드라마의 시초 격인 〈도쿄 러브스토리〉(1991)를 시작으로 〈마더〉(2010), 〈콰르텟〉(2017) 등의 인기 드라마와 〈세상의 중심에서 사랑을 외치다〉(2004), 〈꽃다발 같은 사랑을 했다〉(2021) 등 다수의 영화 각본을 쓴 작가다.

그간 유사 가족, 아이들의 모험, 가해자와 유족의 관계 등 비슷한 모티프를 다뤄온 두 사람은 2018년 말부터 함께 각색 작업을 거쳐 그들의 기존 모든 작품 세계를 아우르고 관통하면서도 새로운 영역의 깊이를 완성한 〈괴물〉이라는 작품에 함께 도달했다. 76회 칸 영화제 각본상 수상 당시, 고레에다 히로카즈가 대신 전한 수상 소감은 "단 한 명의 외로운 사람을 위해 썼다. 그것이 평가되어 감개무량하다"였다. 스스로를 사랑하지 못하는 누군가에게 보내는 응원. 사카모토 유지의 펜 끝에 실린 〈괴물〉의 시작점이었다.

스스로를
사랑하지 못하는
누군가에게 보내는 응원.
사카모토 유지의
펜 끝에 실린 〈괴물〉의
시작점이었다.

영화가 점차 입체성을 드러내는 것은 동일한 타임라인이 사오리에서 호리의 시점으로 재구성되는 2장에 이르러서다. 사오리가 아들의 안전을 염려하며 추적하던 것들은 호리의 시각에서 보면 전혀 다른 양상이다. 호리는 미나토의 발언으로 폭력 교사의 누명을 쓴 채 근신 처분을 받는다. 학교와 지역 사회는 그의 호소에 무감하다. 신문 기사를 통해 범죄자에 가까운 낙인이 찍히고, 모르는 이들의 괴롭힘까지 감수해야 하는 지경에 이른다. 무턱대고 당할 수만은 없는 호리가 자신의 무고를 주장하기 위해 미나토의 행적을 쫓으면서, 영화는 새로운 국면으로 들어선다.

2장은 거대한 혼란 그 자체다. 호리는 무고할 뿐 아니라, 미나토가 학교 폭력의 피해자가 아닌 가해자일 수도 있다는 새로운 정보가 주어지기 때문이다. 학교와 가정 모두에서 일상적 폭력에 노출된 아이는 미나토가 아니라 같은 반 학생 요리(히이라기 히나타)다. 영화의 오프닝, 호숫가에서 화재 현장을 바라보던 아이다.

"괴물은 누구게?"

스무고개 같기도 하고 노랫말 같기도 한 문장은 〈괴물〉의 두 소년, 미나토와 요리를 통해 반복적으로 등장한다. 이는 일종의 주문이기도 하다. 사건의 새로운 국면이 등장할 때마다 괴물 찾기의 초점은 조금씩 움직이며 모든 인물을 관통한다. 이 아이가 아니라면 누구인가, 이 사람이 아니라면 다른 누군가일까. 언제 어떻게 실체가 드러날 것인가.

〈괴물〉의 인물들은 모두가 조금씩 나름의 이유로 괴상하게 군다. 교장은 얼마 전 불의의 사고로 손녀를 잃은 슬픔을 겪은 상황을 감안하더라도 교내 학교 폭력 문제에 이상하리만치 고장 난 기계처럼 반응한다. 학교 밖에서는 지나가는 여자아이에게 몰래 다리를 걸어 넘어뜨리는 심술궂은 모습이 사오리에게 목격되기도 한다. 호리는 의욕 넘치는 교사지만 아이들에게 '남자다움'을 설파하는가 하면, 책에서 오타를 찾아 출판사에 정정 요청 메일을 보내는 집요한 취미를 가진 사람이다. 지역 사람들은 그가 '걸스바'(일본 유흥업소의 일종)에 드나드는 사람이라는 출처 없는 소문을 의심도 없이 믿고 있다. 남편과 사별한 후 홀로 최선을 다해 아이를 키우는 사오리는 나무랄 데 없는 엄마처럼 보인다. 하지만 아들에게 평범성을 지나치게 종용하는 면이 있다.

미나토와 요리에게 어떤 일이 있었는지 진실을 들여다보는 3장은 아이들만의 세계다. 공간 배경 역시 학교와 집에서 멀리 벗어난 숲속 아지트가 중심이다. 어른들의 관찰 결과가 아닌 그들 스스로의 능동적 움직임 안에서 아이들은 즐거움과 괴로움까지 숨김없이 드러내는, 있는 그대로의 존재가 된다. 어른들이 무비판적으로 받아들인 경직된 가치관에서 비롯한 각자의 괴물성을 자각하지 못하는 사이, 그들의 기준에서 벗어난 아이들은 스스로를 '괴물'이라 인식한다. 그리고 그 깊은 두려움을 공유한다.

서로에게 친구 이상의 감정을 느끼는 두 아이는 호리의 말처럼 남자답지 못하고, 사오리의 바람대로 "결혼해서 가정을 가지는" 미래를 이룰 수 없을 듯한 자신의 존재를 괴롭게 여긴다. 학대를 일삼는 요리 아버지의 폭언대로 스스로를 "돼지의 뇌를 이식한 인간"일지 모른다고 느끼는 아이들의 두려움은 다시 태어나기를 소망하는 것으로 이어진다. 3장은 그렇게 관객 각자가 자신의 실수를 알아차릴 타이밍을 제시한다. 괴물이 누구인지, 학교 폭력의 진짜 가해자가 누구인지 밝히는 것은 처음부터 중요하지 않다. 어른들이 진짜 궁금해야 했던 것은 아이들이 감추고 있던 상처와 생각을 들여다보는 일이다. 장을 나눠 하나씩 속내를 들춘 영화의 의도 앞에서, 모두가 혈안이 됐을 괴물 추적은 멋쩍고 무색해진다.

〈괴물〉이 지닌 좋은 다면성은 영화에 등장하는 모든 어른이 유해하기만 한 존재는 아님을 잊지 않고 상기시킨다. 사오리는 남편, 교장은 손녀의 죽음에 얽힌 각자의 비밀을 감당하며 살아야 한다. 호리는 때때로 실수하긴 하지만 대체로 아이들에게 다정하고 좋은 선생님이다. 인생에서 발생하는 미숙의 순간들과 마음속에 쌓인 울분은 은연중에 이들 각자의 괴물성을 발휘하게 하지만, 그렇다고 처음부터 아이들에게 상처를 입히려던 목적성이 있었던 것은 아니다. 〈괴물〉의 초점은 악을 감지하고 선을 그어 단절하는 것이 아니라, 누구나 가해자이자 피해자일 수 있는 삶의 복잡성 자체를 이해하는 쪽으로 향해 있다.

다나카 유코가 연기하는 교장은 그런 점에서 가장 여러 번 얼굴을 바꾸는 캐릭터다. 사오리의 시점에서는 무책임한 방관자, 호리의 시점에서는 그릇된 교육자로 비친 그는 3장에서 미나토가 진심을 털어놓는 유일한 어른이다. 누군가에게 말 못 할 일이 있다면 대신 악기를 불라는 그의 말에 미나토는 힘껏 호른을 불어 소리를 낸다.

"몇몇만 가질 수 있는 건 행복이 아니야. 누구나 가질 수 있는 걸 행복이라 하는 거야."

미나토와 교장이 함께 호른에 마음을 실어 토해내는 소리는 이전에도 영화 곳곳에서 의문의 소음으로 등장하지만, 이 장면에 이르러서야 그 온기의 실체를 숨기지 않고 드러낸다.

한편으로 〈괴물〉은 최근 목격한 모든 영화 및 시리즈를 통틀어 감상이 가장 어지럽게 흩어지던 작품이기도 하다. 좋은가 하면 어딘가 찜찜한 구석이 있고, 나쁜 작품인가 하면 영화적 성취가 적지 않았다. 이 혼란의 정체를 파악하기 위해 오랜 시간 영화를 곱씹어야 했다. 우선 같은 상황을 서로 다른 관점으로 접근하는 구조는 일부만을 보고 잘못된 판단에 도달하는 과정을 대부분 촘촘히 그려내며 관객의 체험을 유도하지만, 이것이 지나치게 인위적인 도식으로 느껴졌다는 점이 주효했다. 애초에 형식, 즉 다중 시점 연출이 학교 폭력이라는 민감한 소재와 잘 부합하는지 내내 의문이기도 했다. 선악으로 가로지를 수 없는 다양한 인간 군상은 러닝타임 내내 '괴물'이라는 단어 안으로 포획됐다가 다시 협의를 벗어나기를 반복하는 리듬을 그리는데, 후반부에 드러나는 아이들의 진실이 단어가 지닌 의미의 확장성을 다시 단조롭게 축소시키는 인상이라는 점도 마음에 걸렸다. 두 소년 배우의 아름다움과 존재감을 바라보는 카메라의 시선이 이미 많은 것을 뭉개며 이야기를 압도해 버린다고 느껴지는 순간들도 존재했다.

하지만 〈괴물〉이 불신과 방관의 풍경이 이어지는 사이, 그 안에서 할퀴어지는 존재들을 책임감 있게 응시하는 영화라는 생각에는 변함이 없다. 퀴어와 집단 괴롭힘 등의 이슈에 폐쇄성으로 대응하는 동시대 일본 사회를 겨냥하고, 각자의 자기반성을 촉구하는 듯한 날카로움은 분명 인상적이다. 화마와 태풍, 악의적 편견과 뜬구름같이 무수한 소문이 모두 지나간 자리엔 어김없이 약동하는 에너지와 희망찬 빛이 들어찬다. 믿어야 할 것은 결국 그런 것뿐이라는 듯이. 영화의 마지막 장면을 비극적 사건 후에 덧붙은 서글픈 판타지로 읽어낸 관객도 적지 않았지만, 나는 어른들의 가치관과 판단에서 가뿐하게 벗어나 내달리는 미나토와 요리를 있는 그대로 긍정하는 풍경으로 바라보았다. 그것이 영원히 불가능한 세계가 아닐 것이라 믿고 싶기 때문이다.

광활한 고요 속에서 삶을 보다

——— **여덟 개의 산**

Le otto montagne

전진하는 추진력의 영화가 있고, 흘러가는 강물을 닮은 영화가 있다. 〈여덟 개의 산〉은 명백히 후자다. 이탈리아 작가 파올로 코네티의 자전적 동명 소설을 스크린으로 옮긴 작품이다. 자신을 산과 도시의 매개체로 생각한다는 코네티는 '작가의 말'에 소설을 쓰게 된 사연을 이렇게 소개했다.

"여름 휴가철이 되면 아버지들은 자식을 데리고 산으로 하이킹을 떠나곤 했습니다. 그것이야말로 우리 교육의 일부이자 지금은 거의 사라졌지만 수세기 전부터 이어진, 유구한 산악 문명과 도시인이 맺은 관계의 일부이기도 합니다. 산은 제가 어린 시절을 보낸 곳입니다. 그래서 서른 살이 되어 도시에서는 얻을 것이 아무것도 남지 않았다고 느꼈을 때, 저는 기꺼이 산으로 되돌아왔습니다."

세상에 여덟 개의 산과 바다가 있다는 티벳 불교의 우주관은 이 작품의 기본적 세계관이다. 그 중심에는 커다란 산인 수미산이 있다. 이윽고 영화는 다음과 같은 수수께끼를 낸다. 여덟 개의 산과 바다를 여행한 사람과 묵묵히 수미산에 오른 사람 중 누가 더 많은 것을 깨닫게 될까?

어린 시절 산에서 만나 친구가 되었고, 성인이 된 후 산에서 다시 만난 피에트로(루카 마리넬리)와 부르노(알레산드로 보르기)는 정확히 반대되는 모양의 삶을 살았다. 포용하려는 사람과 폐쇄성을 우선하는 사람, 세상을 여행하는 사람과 한 곳에 머물기를 택한 사람. 두 남자의 이야기는 이토록 다른 모양으로 살고, 때론 서로를 동경하며, 어느 지점에서는 인생의 결이 서로 교차되며 이어진다. 소설의 흐름을 착실히 따라가는 영화의 구조 안에서 피에트로 아버지의 사연, 두 주인공의 어린 시절 분량은 상대적으로 축소된 인상이다. 다만 세상과 나 사이의 관계를 구축해 가는 방식을 질문하는 본질은 그대로다. 길을 찾아 여행할 것인지, 아니면 내 눈앞의 산을 꾸준히 오를 것인지.

스크린의 쓸모와 경외를 향한 의심은 고요를 넉넉히 품은 이 영화의 광활한 풍광 앞에서 눈 녹듯 사라져 버린다. 손바닥만 한 화면과 빨리 감기, 건너뛰기 같은 편리성의 기능으로는 온전히

여덟 개의 산과
바다를 여행한 사람과
묵묵히 수미산에 오른
사람 중 누가 더 많은 것을
깨닫게 될까?

도달할 수 없는 영화만의 영역이 여전히 존재한다는 실감에서 오는 전율이 적지 않다. 그래픽 기술이 아닌 실재의 것들로 구현한 연출이 주는 감흥도 상당하다. 피에트로의 아버지는 산 위의 다 허물어져 가는 별장을 아들에게 남기고, 피에트로는 부르노의 도움을 받아 공간을 재건하기 시작한다. 이를 위해 제작진은 300미터 높이의 설산 속 산장에서 단체 생활을 하며 알프스에 직접 집을 지었다. 빙하의 갈라진 틈, 약간의 눈을 추가한 후반 작업 분량 정도를 제외하고는 영화에서 우리가 보는 모든 풍경이 실제로 그들이 마주한 풍경과 일치한다.

삶의 긴 경로 안에서 사람이 성장하고 자신만의 방식을 택하는 과정을 지켜보는 것은 경이로운 체험이다. 아무 말 없이 그 자리를 지키는 자연을 가장 큰 주인공 삼아 구조화하지 않은 자연스러움, 서두르지 않는 아름다움을 보여주는 미덕 역시 상영시간 내내 충만하게 발휘된다. 드넓은 자연과 마주할 때 나 자신의 존재가 아주 미미하다는 것을 인지함과 동시에, 우주 전체와 연결되어 있다고 느꼈던 감각 역시 분명하게 전해져 온다. 산은 언제나 '오르는 곳'이라고 생각했는데, 이 작품에 따르면 '머물 수 있는 곳'이기도 했다. 또한 누군가에게는 인생의 이정표를 제시하고 새로운 의미를 찾게 해주는 공간이었다. 그 모든 것은 산에서의 고독으로부터 빚어지는 깨달음이다. 자연, 본성, 자기 탐색이라는 주제에 충실한 〈여덟 개의 산〉은 우리의 정체성과 내가 속한 장소 사이의 관계를 읽게 한다. 하나의 인격과 삶의 모양이 형성되기 위해선 주변의 자연과 사람을 포함해 기실 얼마나 많은 존재와 얽히며 영향을 주고받아야 하는가.

소설은 잠시도 침묵할 수 없는 매체인 데 반해, 영상은 침묵과 고독의 표현이 가능하다. 〈여덟 개의 산〉을 보는 내내 영화와 나 사이에 맞는 호흡을 편안하게 찾아가고 있는 듯한 기분이 들었다. 고요하고 사색적인 분위기 가운데 가장 흥미롭게 느껴지는 것은 시간의 감각이다. 과거는 지나간 것, 미래는 다가올 것으로 인지하던 대부분의 이들에게 〈여덟 개의 산〉은 조금 다른 관점을 제시한다. 물고기의 사냥법은 산으로부터 흘러 내려오는 것들을 기대하며 위쪽을 바라보는 방식이다. 그것을 통해 피에트로는 미래의 시간 개념을 새롭게 이해한다. 지금 우리가 있는 곳은 현재이며, 과거는 나를 지나쳐 흘러간 물, 미래는 '놀라움과 위험을 품은 채 위에서 내려오는 물'이라 깨닫는 것이다.

"오솔길에서 아버지는 나와 브루노에게 빙하는 산이 우리를 위해 소중히 간직한, 지나간 겨울에 대한 기억이라고 말했다. 어떠한 특정 높이에 그 기억을 간직하고 있어서 지나간 어느 겨울에 대해 알고 싶으면 그 위로 올라가야 한다는 것이다."

그에 따르면 운명은 우리 머리 위, 산에 존재한다.

영화의 시간은 몹시 느릿하게 앞으로 흐르는데, 그 속도를 체험하자니 '돌아갈 수 없다'는 시간의 비가역성이 되레 더 또렷이 감지되는 기분이었다. 과거는 추억할 수 있을 뿐 돌아갈 순 없는 영역이다. 지금의 나는 때론 의도적이고 때론 무의식적인 선택을 통해 성장하고 만들어진 존재이며, 나는 그 결과를 안은 채 지금 있는 곳을 받아들이며 살아가야 한다. 나는 누구인가. 왜 지금의 선택을 내렸는가. 인생은 무엇인가. 〈여덟 개의 산〉은 고요한 성찰의 영화다.

학대와 자기혐오에서 살아남기

——— **베이비 레인디어**

Baby Reindeer

"친절하라, 당신이 만나는 모든 사람은 힘겨운 싸움을 하는 중이다." 고대 그리스로부터 내려온 이 격언은 삶의 중요한 지혜를 일깨운다. 그러나 때로 의도와 결과는 심각한 엇박자를 낸다. 영국에서 만든 넷플릭스 7부작 오리지널 〈베이비 레인디어〉는 사소한 친절에서 시작된 스토킹 범죄를 다룬 이야기다. 포스터만 보면 가벼운 코미디로 오해할 수도 있지만 속내는 그리 단순하지 않다. 상상 이상으로 복잡성을 띠는 범죄 피해자의 내면을 그대로 펼쳐 보이는 이 작품은 인간의 어둠과 취약성 그 자체가 극의 중심에 놓이는 심리 드라마다. 집착과 학대라는 외부 요인뿐 아니라 그로 인해 발생한 자기혐오 등의 내부 요인이 인간의 영혼을 어떻게 잠식해 가는지, 더 정확하게는 그 부정적인 감정에 어떻게 중독되어 가는지를 쫓는 시도가 담겼다.

주인공 도니 던(리처드 개드)은 무명의 코미디언이다. 드물게 관객 앞에 서기도 하지만, 주로 그가 있는 무대는 바텐더로 일하는 동네 펍이다. 어느 날 이곳에 거구의 중년 여성 마사(제시카 거닝)가 들어선다. 침울한 표정에 곧 눈물을 쏟을 듯한 마사를 불쌍하게 여긴 도니는 따뜻한 차를 마실 것을 제안한다. 돈이 없다는 말에 도니가 한 행동은 무료로 차 한 잔을 내주는 것. 어디까지나 인간이 타인에게 베풀 수 있는 작은 선의다. 즉시 기분이 밝아진 듯한 마사는 자신이 유명 변호사이며, 영국의 정계 인사들과 막역한 사이라며 수다를 늘어놓기 시작한다. 순간 도니의 머릿속에는 이런 생각이 스친다. 그런데 차 한 잔 사 마실 돈이 없다고?

다음 날부터 마사는 매일같이 펍에 출근 도장을 찍는다. 각종 회의와 업무로 바쁘다는 마사가 펍에 와서 온종일 하는 일이라곤 도니를 쳐다보고 말을 걸며 시끄럽게 웃는 게 전부다. 어느덧 마사는 도니를 '아기 순록(Baby Reindeer)'이라 부르고 있다. 동시에 도니의 메일함에는 마사가 보낸 메시지가 하루에도 수백 통씩 날아들기 시작한다. 혼자만의 들뜬 오해, 저속한 농담 등이 온갖 오타로 타이핑된 채 쉴 새 없이 쏟아지는 메시지는 명백한 사실 하나를 가리키고 있다. 도니를 향한 마사의 스토킹이 시작됐다는 것. 스마트폰이 아닌 피처 폰을 쓰는 마사가 보낸 메시지

끝에는 소름이 끼치게도 언제나 같은 문구가 붙어 있다. “나의 아이폰에서 보냄(sent from my iphone)”.

이메일 4만 1071통, 음성 메시지 350시간, 트윗 744개, 페이스북 메시지 46개, 손 편지 106장, 순록 장난감과 수면제를 포함한 다양하고 기괴한 선물들. 4년 반 동안 이어진 스토킹에 시달린 끝에 피해자에게 남은 목록이다. 그리고 이는 〈베이비 레인디어〉의 크리에이터이자 주인공 도니를 연기하는 리처드 개드가 실제로 받은 것들이다. 이 이야기는, 그가 겪은 실화다.

지난 2019년 리처드 개드는 스코틀랜드의 예술 축제인 에든버러 페스티벌 프린지에서 자전적 경험을 바탕으로 만든 〈Monkey See Monkey Do〉를 공연했다. 직접 받았던 음성 및 텍스트 메시지는 일부 활용했지만, 자기 자신을 제외하고 스토킹 가해자를 비롯한 모든 등장인물은 의자로 대체해 연기한 1인극이었다. 직접 겪은 일이기에 발생하는 당사자의 구체성은 이 공연의 순도 높은 진심을 보장했다. 〈베이비 레인디어〉는 공연 당시의 뜨거운 호응에 힘입어 리처드 개드가 넷플릭스와 손잡고 시리즈로 다시 각색한 작품이다.

사연을 극화하고 영상으로 옮기면서 이야기의 복잡성을 단순화하지 않았다는 것은 〈베이비 레인디어〉의 가장 큰 도전이자 좋은 야심이었을 것이다. 실제로 이 작품의 강점은 인간의 마음속 깊은 곳에 거대하게 자리한 회색지대의 심연을 들여다보는 것에서 나온다. 트라우마를 비롯한 정신 건강 문제는 주인공의 상태라기보다 작품의 핵심 동력이다. 수치심과 자기혐오, 회피와 합리화, 연민과 외로움, 실수와 좌절에서 비롯되는 절망. 인간을 살게 하는 게 아니라 속수무책으로 망가뜨리는 부정적 면모들을 솔직하게 들여다보는 이 시도는, 일상을 공유하는 가상의 공간에서조차 최상으로 화려하고 멋진 상태만 드러내려는 기이한 인정욕구의 시대에 찾아온 귀한 돋보기다.

애초에 스토킹 범죄를 신고하면 될 일 아닌가? 물론 극 중 도니도 시도한 방법이다. 심지어 도니가 경찰서를 방문하는 것이 시리즈의 문을 여는 첫 장면이다. 그러나 명백한 불안 증세에도 불구하고 도니의 설명은 어딘가 불충분하며, 이를 받아들이는 경찰의 태도 또한 그다지 심각해 보이지 않는다. 도니가 내미는 이메일 내용 같은 증거가 딱히 위협적이지 않다는 것이 그 이유다. 그는 범죄의 남성 피해자인 탓에 성별 편견에도 시달려야 한다. '이 정도 위협'을 스스로 해결하지 못했다는 은근한 핀잔과 자책. 사회가 요구하는 남성성의 기준에 미달된다는 자체평가를 내린 도니는 외부의 도움을 받는 것에 소극적이다.

더 큰 문제는 심리적 요인이다. 시리즈가 진행되는 동안 우리

일상을 공유하는
가상의 공간에서조차
최상으로 화려하고
멋진 상태만 드러내려는
기이한 인정욕구의
시대에 찾아온
귀한 돋보기.

는 마사가 도니를 어떻게 괴롭혔는지 그 구체적 양상도 보지만, 점점 더 먼 과거 속 도니의 기억을 공유하며 폭력과 학대가 한 사람에게 무슨 짓까지 할 수 있는지 그 결과를 본다.

"이건 학대가 하는 일이에요. 학대는 저를 온갖 이상한 인간들의 반창고로 만들었어요. 그들은 이 벌어진 상처의 냄새를 맡죠."

마사를 만나기 이전에 당했던 성적 학대의 경험은 도니를 자학의 늪으로 몰아넣고, 비뚤어진 인정욕구는 건강한 애정관계를 유지할 수 없도록 만든다. 자기혐오에 중독된 상태로 타인의 관심과 인정을 갈구하던 도니는 마사를 두려워하고 경멸하는 동시에 원하고 이용한다.

범죄 생존자의 심연은 '피해자다움'이라는 단순한 논리로만 존재할 수 없다. 그런 논리라면 〈베이비 레인디어〉에는 피해자다움의 전형성에서 탈락할 만한 상황들만 가득하다. 자신을 학대한 사람과의 관계를 온전히 끊어내지 못하는 도니를 어떻게 바라봐야 하는가? 상상 속에서 마사를 성적 욕구의 대상으로 대하는 도니의 심리를 인정할 수 있는가? 나아가 이 모든 것이 도니가 당한 스토킹 범죄 피해사실의 진위를 가릴 수 없는 근거가 되는가?

〈베이비 레인디어〉는 결코 스토킹 범죄의 심각성을 약화하거나 가해자를 옹호하진 않지만, 인물들을 이해 불가한 행동 묘사의 반경에 가두지만은 않는다. 그보다는 두려움과 회피가 만들어내는 취약한 거짓말들의 순간을 포착하는 과감한 용기를 낸다. 그 결과 이 작품은 스토킹과 자학의 굴레에서 살아남은 자의 생존이자 회복의 '진짜 기록'이 된다. 여기에 법적 공방의 언어는 끼어들 여지가 없다. 오히려 그 사각지대에 가려져 있던 가장 중요한 질문, '폭력은 무슨 짓을 하는가'의 결과를 목격하게 할 뿐이다. 학대의 순환을 조용하고도 섬뜩하게 경고하는 마지막 장면이 이 시리즈의 가장 완벽한 결말인 이유이기도 하다.

법정의 언어로 해부하는 부부의 세계

—— 추락의 해부

Anatomy of a Fall

설산 속 외딴집. 2층에서 아내가 낮잠을 청한 사이 남편이 3층 창문 밖으로 떨어졌다. 그사이 반려견과 산책을 나갔다 돌아온 아들이 눈밭에 피를 흘린 채 사망한 아버지를 발견했다. 우연한 추락사인가, 자살인가, 의도된 살인인가. 진실을 가리기 위한 법정 공방이 시작되지만 죽은 자는 자신을 변호할 기회를 영영 잃었다.

〈추락의 해부〉에서 의학 드라마의 기운마저 느꼈다면 너무 과도한 감흥일까? 어디까지나 수사적 표현이지만 어떤 면에서는 실로 그러했다. 물론 해부 대상은 아직 살아 있으며, 물리적 육체가 아닌 삶 전체의 내러티브가 해체된다는 차이점이 존재한다. 무거운 법정의 공기 안에서 말이 칼처럼 날아다니는 사이 카메라는 또 하나의 정교한 메스를 자처하며 추락사의 정황과 부부의 결혼 생활을 날카롭게 가른다.

개인의 성적 취향과 도덕적 결점까지 샅샅이 파헤쳐지는 공간인 법정은 '언어의 싸움'이 벌어지는 준엄한 사각의 링이다. 그곳에 선 사람 고유의 역사와 내러티브는 더는 그 자신에게 속하지 않는다. 사실일 수도 있지만 그보다는 잘못된 기억이거나, 추측해 덧대거나, 신뢰할 수 없는 누군가의 증언 그리고 법의 조항에 근거한 판단만이 그를 규정한다. 조각조각 흩어진 사실과 설명을 쥔 이들은 죄의 유무와 경중을 넘어 피고인이 어떤 사람인지를 판단한다. 본질적으로 이 과정은 픽션이 완성되는 과정과도 닮았다.

계단에서 굴러 떨어지는 공이 보이는 첫 장면 이후 〈추락의 해부〉는 계속해서 추락의 이미지를 그려간다. 하강 곡선은 영화의 중요한 모양이다. 창문에서 추락한 사뮈엘(사뮈엘 테이스), 아내 산드라(산드라 휠러)의 명성과 이미지, 부부의 결혼 생활, 인내심과 인간성을 시험받는 인물들의 심리까지 모든 것이 구조적인 동시에 상징적으로 낙하한다. 영화는 이 지속적인 추락의 끝에 무엇이 존재하는지를 바라보려는 욕망을 숨기지 않는다.

법정은 사투의 공간인 동시에 일종의 무대다. 남편을 죽이지 않았다고 항변하는 산드라에게 변호사 뱅상(스완 아르라우드)은 "이제는 남들의 시선으로 자신을 볼 줄 알아야 한다"라고 조언

한다. 이는 진실보다 더 중요한 것이 있다는 말로 들린다. 실제로 이 영화 속 법정은 진술하는 각 화자가 자신만의 버전으로 이야기를 쓰는 공간처럼 보인다. 주인공 산드라의 직업이 작가이기 때문에 더욱 그렇게 보이는 면이 있겠지만, 역으로 법정의 공간성을 그런 방식으로 표현하고 싶었기 때문에 작가라는 캐릭터 설정이 탄생했을 거라는 합리적 의심도 가능하다.

서사를 다루는 데 능한 작가인 산드라는 타인의 판단이 자신을 초토화시키는 가운데에서도 속수무책으로 무너지는 법이 없다. 자신의 삶을 법정의 언어로 재구성할 때 산드라의 태도와 표정은, 혹은 작가라는 직업은 그에게 머릿속으로 끊임없이 유리한 이야기를 짓고 있는 듯한 뉘앙스를 입힌다. 산드라의 캐릭터가 좀 더 복잡성을 입는 데는 배우 산드라 휠러의 분위기가 단단히 한몫을 하기도 한다. 절박한 상황에서도 표정과 태도 자체가 침착한 것을 넘어 조금은 무심한 데가 있는 듯한 이 배우 특유의 인상은 영화 내내 거의 무적의 힘을 발휘한다.

생전 사뮈엘은 자신이 쓰다가 포기한 소설의 중요한 설정을 산드라가 가져가 표절했다고 주장한 바 있다. 성공한 작가인 산드라가 언제나 진실과 허구를 뒤섞은 작품을 발표해 왔다는 사실 역시 법정에서는 좋은 먹잇감이다. 검사(앙투안 레이나츠)는 산드라의 작품 속 주인공이 남편에게 적의를 느낀다는 점에 특히 주목한다. 우발적 살인의 가능성으로 몰아가는 것이다. 비단 검사만 산드라를 의심하는 것은 아니다. 〈추락의 해부〉는 관객으로 하여금 확고하게 산드라의 편이 되지 못하게 막는다. 산드라는 결백을 주장하고 있지만 결코 슬픔에 잠식된 미망인이 아니다. 영화는 그가 불륜의 경험이 있고, 재판 진행 과정에서 스스로 말을 바꾸기도 하며, 변호사와 약간의 성적인 긴장감을 유지하는 인물임을 보여주는 방식으로 '부도덕성'의 옷을 입힌다. 극 중 언론은 아예 그의 성정이 "어둡고 비뚤어진 성격"이라고 보도한다.

생전 남편의 심리 상담을 담당했던 의사가 산드라에게 "남편을 감정의 롤러코스터에 태웠다"라고 결론 지을 때, 산드라는 담대하게 대꾸한다.

"제가 상담을 받았다면 그 의사도 여기 와서 남편을 비난했겠죠. 그렇다고 그게 사실일까요?"

남편을 미워했느냐는 질문에는 피고인으로서의 정답은 아닐지언정 아내이자 엄마로서 최선의 대답을 내놓는다.

"자기의 고통을 (아들) 다니엘에게 투사하는 게 미웠습니다."

순진하고 착한 피해자가 아니라 침착하고 때론 위협적으로까지 보이는 존재. 남편보다 사회적으로 성공한 작가. 도덕적 결함이 있는 여자. 그럼에도 부부관계의 복잡성을 일목요연한 논쟁의 영역으로 끌고 들어올 수 있는 산드라의 캐릭터적 역량은 그가 이토록 가혹한 심판의 주체인 이유를 뒷받침한다.

모국어인 독일어가 아니라 프랑스 법정이 요구하는 프랑스어, 때로 그나마 심리적 절충안이 되는 영어로 스스로를 방어해야 하기에 산드라가 겪는 고충은 남다르다. 표면적으로는 산드라에게 주어진 캐릭터의 핸디캡처럼 보이는 언어 문제는 더 나아가 이 영화의 핵심 중 하나이기도 하다. 서로 이해하지 못하는 부부의 세계는 원활한 대화의 쌍방 흐름이 아닌 충돌과 돌발 구간으로 가득하다. 부부의 아들 다니엘(밀로 마차도 그라너)과 강아지 스눕(메시)의 역할 또한 이에 부합한다. 이들은 언어 외적인 것들로 소통의 고충을 역설한다. 사고 이후 시력이 온전하지 않은 다니엘은 목격과 기억의 부정확함을 알리는 캐릭터다. 추락한 사뮈엘의 사체에 가장 먼저 달려가는 날렵한 움직임, 상황을 예의 주시하는 영민한 눈동자와 밝은 귀를 가진 스눕은 사실상 이들 가정에서 일어난 모든 상황의 가장 정확하고 공정한 목격자일 테지만 결정적으로 인간의 언어를 말할 수 없는 존재다.

부부가 격하게 싸우는 소리가 기록된 녹음 파일이 증거로 채택돼 법정에 울려 퍼지는 때는 이 영화의 태도가 가장 냉정하게 느껴지는 대목이다. 어린 아들로서는 수많은 타인과 함께 부모의 적나라한 언행을 견뎌야 하는 잔인한 순간이다. 그러나 이는 어엿한 정황 증거이기에, 관객에게는 능동적으로 추리에 동참할 것이 요구되는 대목이기도 하다. 이 시퀀스의 설계는 영리하다. 우리가 다니엘과 같은 입장이 되어 오직 청각 정보만으로 상황을 파악해야 하는 거의 유일한 순간이기 때문이다.

모두가 사뮈엘이 '어떻게' 죽었는가를 궁금해하는 이 영화에서 다니엘은 거의 유일하게 '왜'라는 정황을 알고 싶어 하는 인물이다. "확신과 결정은 전혀 다른 차원의 문제"라는 법정 관계자의 조언은 내내 침착한 성정의 소년을 뒤흔든다. 이후 마지막 증언을 위해 법정에 선 다니엘이 남긴 말들이 얼마나 진실한지는 파악이 불가능하다. 카메라는 과거 사뮈엘과 다니엘이 차 안에서 나눴던 대화의 순간을 흘리지만, 그것이 설명으로 재연되는 도구는 오직 다니엘의 음성이다. 증언과 진실의 일체성을 담보할 수 없는 이 연출은 단 하나의 사실만을 명확하게 가리킨다. 다니엘은 산드라의 무고를 결정적으로 뒷받침할 수 있는 확신의 증거를 진술했다기보다 엄마를 '결정'했다.

법정의 판결은 산드라와 다니엘에게 해피 엔딩일지 모르나, 추락 이후의 삶은 결코 즉각적인 반등을 약속하지 않는다. 아빠에게는 평생 원망과 그리움을, 자신은 괴물이 아니라는 엄마의 설명에서는 약간의 안도감과 그럼에도 지워지지 않는 의혹을 가지면서 살아갈 다니엘의 미래는 영화가 담보할 수 없는 영역이다. 안온한 침실이 아닌 서재의 소파. 의심 없이 자신에게 다가오는 유일한 존재인 반려견을 안고 구겨지듯 몸을 누인 산드라의 모습에서는 자신의 이야기를 끝내 완성해낸 자의 산뜻한 승리의 기운이 아니라, 춥고 고독하게 남겨진 자의 피로감이 보인다. 그것은 모두가 진실을 말하는 것처럼 자기 이야기를 각색하고 전시하는 시대의 가장 흔한 비하인드 신일지 모른다.

담장을 사이에 둔 낙원과 지옥

——존 오브 인터레스트

The Zone of Interest

잘 가꾼 정원이 있는 집에서 다섯 명의 자녀와 함께 사는 부부. 어느 날 남편은 회사의 전출 요구에 따라 다른 도시로 이동하고, 아내와 아이들은 집에 남는다. 얼마간 시간이 흐른 뒤 남편은 다시 가족의 품으로 돌아와 자신의 일을 지속한다. 주인공과 사건 중심의 일반적 소개 방식을 거치자면 〈존 오브 인터레스트〉는 이런 영화다. 하지만 이는 실체와 엄청난 차이가 존재하는 요약일 뿐이다. 가족의 아름다운 집을 둘러싼 담장 너머는 2차 세계대전 당시 나치가 400만 명을 학살한 수용소 아우슈비츠이고, 주인공 루돌프(크리스티안 프리에델)는 이곳을 지휘하는 장교다. 평화롭고 목가적인 풍경과 처절한 죽음의 사운드. 어울리지 않는 두 가지 요소를 단단하게 한데 묶은 러닝타임 내내 관객은 참상의 실상을 목격하지 못한다. 하지만 역으로 모든 것이 확연해진다. 이 작품은 아우슈비츠라는 역사의 비극에 대한 지극히 영화적인 응답이다.

폴란드 최초의 집단 학살 수용소인 아우슈비츠는 인간이 인간에게 저지를 수 있는 가장 끔찍한 비극이 일어났던 곳이다. 초기에는 폴란드의 정치범을 수용할 목적으로 건립됐지만, 1942년 유대인을 말살하려는 나치의 정책 수립 이후 400만 명이 이곳에서 학살당했다. 영화의 제목이기도 한 '존 오브 인터레스트'는 슈츠슈타펠(아돌프 히틀러와 나치당의 주요 군사조직)이 관리하던 아우슈비츠 주변 지역을 뜻하는 단어다. 폴란드 인구를 제거한 농경지에서 수용소 수감자를 재교육하고, 농산물 판매로 슈츠슈타펠의 재정적 이득을 쌓기 위한 목적의 장소였다.

이 지명을 그대로 따와 제목으로 쓴 것은 영화에 앞서 원작의 결정이다. 아우슈비츠 방문 회고록과 소설 등을 꾸준히 남긴 작가 마틴 에이미스는 2014년 동명의 소설을 썼다. 원작에서는 다른 이름으로 등장하지만, 조나단 글레이저 감독은 각색 과정에서 당시 아우슈비츠 지휘관이었던 루돌프 회스와 아내 헤트비히 회스의 이름을 주인공의 것으로 그대로 가져왔다. 루돌프 회스는 아우슈비츠에서 사용한 독가스 '치클론 B' 도입에 앞장섰던 사람이다. 당시 회스는 땀과 오물투성이 시체들을 남기는 배기가스와는 달리, 깔끔한 뒤처리가 가능하다는 이유로 치클론 B 사용을 권고했다고 알려져 있다.

〈존 오브 인터레스트〉는 루돌프와 헤트비히(산드라 휠러)를 결코 괴물의 얼굴로 그려내지 않는다. 그들은 일과가 끝난 후 가족과 여가를 보내는 것을 중시하며, 자신들이 머무는 생활공간을 정갈하고 아름답게 꾸미는 일에 몰두한다. 은퇴 이후 농사를 짓는 삶을 꿈꾸는 부부의 바람은 평범하다. 다만 이들에게는 인간으로서의, 인간일 수 있는 중요한 무언가의 조건이 결여되어 있다. 루돌프는 영화 내내 굳은 표정을 짓고 있지만 그것은 윤리적 딜레마의 결과가 아닌 군인으로서 다듬어진 직업적 태도에 가깝다. 자신이 손수 꾸민 정원의 아름다움에 계속해서 탄복하고, 수용소에서 나온 쓸 만한 옷이나 화장품 따위를 거리낌 없이 소유하는 헤트비히는 집을 둘러싸고 있는 담장을 아예 의식하지 못하는 사람처럼 군다. 실제로 이들 가족에게 담장은 실재하지만 보이지 않는 공기와 같은 존재다. 철저한 구획의 분리 안에서 이들의 삶은 쾌적하고 안전하며 풍요롭다.

회스 부부의 모습은 독일 출신 철학자 한나 아렌트가 주장한 개념을 떠올리게 한다. 나치의 유대인 학살을 지휘했던 아돌프 아이히만의 1961년 이스라엘 압송 재판을 취재한 아렌트는 '예루살렘의 아이히만'이라는 보고서를 작성했다. 실제로 저지른

악행에 비해 너무 평범한 인상의 아이히만을 보고 충격을 받은 아렌트는 "악의 평범성"이라 표현한다. 그는 다른 저서인《인간의 조건》에서 "생각하는 힘은 인간의 다른 능력에 비해 가장 약하며, 폭정 아래서는 생각하는 일보다 행동하는 일이 훨씬 쉽다"라고도 했다. 생각이 결여된 삶. 이것이 바로 회스 부부 일상의 정체다.

담장 너머 아우슈비츠 굴뚝에서는 매일같이 사람을 태우는 연기와 재가 치솟는다. 그러나 그곳에서 나온 재는 회스 부부의 정원을 비옥하게 만드는 데 필요한 흙에 무심하게 뒤섞여버린다. 영화 중반, 아이들과 함께 강가에서 여가를 보내던 루돌프에게 서서히 잿물이 흘러오는 모습을 포착하는 카메라는 손에 꼽게 인상적인 이미지 중 하나를 남긴다. 수용소에서 내려온 재와 이물질이 섞여 흐르는 물이 몸에 닿자마자 루돌프는 아이들을 데리고 황급히 집으로 돌아간다. 수용소와 집은 긴 담장으로 분리될 수 있지만 강물의 흐름까지 막아 세울 수는 없다. 강물이 흘러가듯 시간이 흐른 뒤, 실제 회스는 역사의 심판을 통해 단호하게 처벌됐다.

〈존 오브 인터레스트〉의 카메라는 종종 중심인물들의 반경에서 벗어난다. 헤트비히를 비추다가 돌연 그 곁을 지나는 하녀의 움직임을 주목하는 식이다. 마치 이 모든 것이 실제로 일어나는 것처럼 동시다발적인 현재성을 느끼도록 고안한 연출이다. 헤트비히가 이웃을 초청해 차를 마시는 테이블 곁으로 하녀의 분주하고 꼼꼼한 움직임이 포착되고, 그 너머의 방에서는 마치 평범한 상품 판매원처럼 보이는 이들이 루돌프에게 "사람을 가장 효과적으로 많이 태울 수 있는" 최신 소각로 디자인을 설명하고 있다. 조나단 글레이저 감독은 이를 위해 주 무대인 회스 부부의 집과 정원에 총 10대의 카메라를 설치해 촬영했다. 각 장면은 배우들이 마치 연극 무대에 오른 것처럼 각자의 동선대로 움직인 결과다.

영화는 아우슈비츠의 내부를 전혀 보여주지 않는다. 러닝타임 내내 목격할 수 있는 것은 회스 부부의 일상이 전부다. 다만 담장 너머에서 들려오는 고통의 사운드는 내내 관객의 귀에 들러붙는다. 고통스러운 절규와 아이의 울음소리, 군대의 행진, 자동차와 소각로의 소음은 담장 너머에서 벌어지고 있는 참상을 관객 각자의 머릿속에 이미지화한다. 사운드 디자이너 조니 번은 연기자를 통해 고통의 소리를 재연해 녹음하는 대신, 유럽 곳곳의 스포츠 경기장과 취객들이 고함을 지르는 밤의 거리 등에서 사운드를 수집했다. 그중 적지 않은 지분을 차지한 것은 2022년 파리에서 일어난 대규모 시위다. 고통을 결코 전시하지

인간성을 거세한
아름다움만 남기고
기록할 것인가,
시대의 엄정한
증인이 될 것인가.
구획과 분리를
택할 것인가,
인간성의 연대를
택할 것인가.

않지만 정확하게 직시하기 위한 연출. 〈존 오브 인터레스트〉는 그 최전선에 있다.

영화 전체가 숨이 막힐 듯한 체험이긴 하지만, 인류애가 존재하는 구간도 있다. 화면은 중간중간 아우슈비츠 수용자들이 노역을 하는 구간에 밤마다 숨어들어가 사과를 숨기는 소녀의 모습을 비춘다. 조나단 글레이저 감독이 어린 시절 폴란드 저항군에서 일했던 여성의 실제 사연을 듣고 만든 장면이다. "극 중 인물들을 차마 조금이라도 근사하게 담을 수 없어서" 촬영용 조명을 전부 배제한 채 자연광만을 택한 이 영화의 현장에서, 야간 촬영이 가능한 기술 도구는 군사용 열화상 카메라가 유일했다. 사실상 궁여지책이었지만 이로 인해 생긴 효과는 분명하다. 처음에 소녀는 마치 유령처럼 포착되지만, 반복해 등장할수록 어둠 속에서 반짝이는 빛의 존재로 보인다. 이는 이 영화가 숨겨둔 작은 희망의 증거다. 이후 소녀는 은밀하게 반출된 악보 하나를 주워 피아노로 연주한다. 실제 아우슈비츠 수용소에 수감되었던 한 음악가가 작곡한 '선빔(Sunbeams)'이다.

밤의 계단을 내려가며 끝없는 어둠 속으로 향하는 루돌프의 모습을 비추다가, 돌연 시간을 점프해 현재의 아우슈비츠 기념관의 풍경과 연결하는 라스트 신 역시 쉽사리 잊기 힘든 감흥을 남긴다. 과거와 현재의 시간을 동일한 선상에서 담아낸 이 장면은 우리가 역사 안에서 무엇을 남기고 기록할 것인지를 묻는다. 인간성을 거세한 아름다움만 남기고 기록할 것인가, 시대의 엄정한 증인이 될 것인가. 구획과 분리를 택할 것인가, 인간성의 연대를 택할 것인가. 분쟁과 참사가 여전히 존재하는 오늘날 〈존 오브 인터레스트〉가 던지는 질문은 결코 과거의 것만은 아니다.

공상의 밤

3관

.. 스크린 너머로의 상상

경계를 넘나드는 불온한 탐미

——아네트

Annette

"신사 숙녀 여러분, 지금부터 집중해주십시오. 침묵을 유지하시고 쇼가 끝날 때까지 숨을 멈춰주십시오. 숨 쉬는 것도 허용되지 않습니다. 자, 마지막으로 깊게 숨을 들이쉬십시오. 감사합니다."

본격적인 영화의 막이 오르기 전 〈아네트〉는 '숨도 쉬지 말라'는 잔인하고도 매혹적인 당부를 해온다. 이에 따라 관객들은 잠시 작은 죽음을 체험한다. 스크린에 투영되는 이미지들은 이후의 삶이자, 정지되어 있던 순간으로부터 서서히 움직여나가는 환상성이다.

바로 이어지는 첫 장면은 영화 밖의 세계와 영화 사이의 벽을 한 번 더 확실하게 무너뜨린다. 녹음 스튜디오 바깥에 앉아 있던 레오 카락스 감독이 제스처를 보이면, 미국 밴드 스팍스의 노래가 시작된다. 영화의 첫 번째 뮤직 넘버인 '쏘 메이 위 스타트(So

May We Start, 자 이제 시작할까?)'다. 이윽고 그들은 노래를 하면서 스튜디오 밖으로 걸어 나온다. 건물 위층 어딘가에 자리하고 있었을 영화의 주연 배우들, 아담 드라이버와 마리옹 꼬띠아르가 자연스럽게 그들의 대열에 합류한다. 거리로 나온 이들의 수는 점점 불어나다가 어느 시점부터 다시 줄어들기 시작한다. 배우들이 극 중 배역의 옷을 걸친 채 각자의 자리로 향하면서 이 행진은 마무리된다. 백스테이지의 분주함이 사라진 거리는 본격적으로 막이 오를 무대가 된다.

레오 카락스 감독의 첫 번째 영어 영화이자 뮤지컬 영화인 〈아네트〉는 오프닝 시퀀스를 통해 이 작품이 가진 장르적 정체성과 더불어 모든 것의 경계를 넘나들 것임을 선언한다. 실제로 이 영화는 작품과 실제의 삶, 무대와 무대 바깥, 노래와 말, 숨 쉬는 것과 숨이 멎은 죽음, 고귀한 아름다움과 추잡한 쇼의 경계를 넘나드는 시도의 총체다. 카메라는 무대와 백스테이지를 자유자재로 오가고, 불안하게 부풀려진 환상과 어두운 현실의 경계를 부지런하게 흩트린다.

서사 자체는 비극적 멜로에 뿌리를 둔다. 오페라 가수 안(마리옹 꼬띠아르)과 스탠드업 코미디언 헨리(아담 드라이버)는 각 분야의 인기 스타다. 이들의 사랑은 세간의 화제다. 일거수일투족이 기사화되는 와중에도 둘의 사랑은 견고해 보인다. 어느덧 두 사

✧

람 사이에서는 딸이 태어나고, 이들은 아네트라 이름 짓는다. 그러나 행복했던 시간은 오래가지 못한다. 여전한 안의 스타성과 서서히 떨어지는 자신의 명성 사이에서 헨리는 내면의 폭력성을 잠재우기 어려워진다. 그리고 불안정한 헨리의 상태는 위험한 사건들을 불러온다.

연출의 키는 레오 카락스에게 맡겨졌지만 애초의 아이디어는 스팍스의 것이다. 그들은 열다섯 곡 정도의 뮤직 넘버와 원안을 감독에게 제안했고, 과거 〈퐁네프의 연인들〉(1991)을 뮤지컬로 만들고 싶었지만 음악 작업에 가로막혀 포기해야 했던 레오 카락스가 이를 흔쾌히 수락하면서 〈아네트〉의 첫 단추가 끼워졌다.

뮤직 넘버의 고민이 해결된 상태에서 시도하는 뮤지컬이라는 형식은 감독에게 장르적 제약 대신 무한한 자유를 선사한 것으로 보인다. 오페라, 스탠드업 코미디, 신화적 비극, 통속 드라마 등을 모두 아우르며 달려가는 〈아네트〉는 모든 관습으로부터 자유롭다. 그중 가장 과감한 장치 중 하나는 일부 장면을 제외하고 어린 아네트를 연기하는 존재가 실제 배우가 아닌 마리오네트 인형이라는 점이다. 화면에서는 인형이 저절로 움직이는 것처럼 보이지만, 현장에서 인형 조종사들이 움직임을 만들어내면 이후 CG로 그들과 줄의 모양을 지워내는 과정을 거쳤다.

극 중 어린 아네트가 사람들을 사로잡을 만한 노래를 한다는 설정상 어린이 배우에게 모든 장면의 연기를 맡길 수 없는 현실적 제약도 있었겠지만, 결과적으로 이 선택은 극 전체를 하나의 비극적 우화로 바라보게 만드는 적극적인 장치로 기능한다. 극 안에서 생명을 부여받고 움직이는 '베이비 아네트'는 그 자체로 주술적인 존재가 되어 관객에게 음울하고 환상적인 말 걸기를 시도한다.

결과적으로 〈아네트〉는 레오 카락스가 헨리라는 인물을 경유해 바라본 심연에 대한 이야기다. 영화는 파멸로 향하는 강렬한 자기 충동, 그 어둠에 사로잡혀 현실로 눈을 돌리는 데 실패한 자를 탐미적 시선으로 바라본다. 그를 통해 감독이 그려내는 심연은 "눈길을 주고픈 거대한 충동"이자 "추락하고픈 간절한 동경"이다. 바로 이 점에서 아담 드라이버가 연기하는 헨리는 레오 카락스의 초기작 속 드니 라방이나 〈폴라 X〉(1999)의 기욤 드파르디외 등 감독 영화의 아이콘 같은 배우들과 그들이 연기한 인물과 자연스러운 연결점을 가지기도 한다.

이는 감독이 딸과의 관계에서 품는 근원적인 두려움의 탐색 결과처럼 보이는 측면도 있다. 추락하는 아버지와 그 딸의 이야기라는 점에서 〈아네트〉는 영화 바깥, 실제 레오 카락스의 삶으로까지 자연스럽게 확대된다. 감독의 작품 세계는 딸의 탄생 이전과 이후로 나뉜다. 딸이 태어난 이후 만든 〈홀리 모터스〉(2012)부터는 직접 딸과 함께 영화 속에 적극적으로 모습을 드러내기도 한다. 〈아네트〉의 첫 장면, 스팍스가 노래를 시작하기 전에 레오 카락스 감독이 이름을 불러 곁으로 소환하는 아이가 감독의 딸 나타샤다. 레오 카락스는 〈아네트〉가 "나쁜 아버지의 이야기"라고 설명한다. 그것은 아마도 그의 심연에 자리한 존재로 보인다.

삶은 영화, 일상은 마술이 되는 순간들

―― 우연과 상상

偶然と想像

〈우연과 상상〉은 제목 그대로의 영화다. 두 명의 인물이 대화를 나누는 형식을 기본 바탕에 두고, 여기에서 만들어질 수 있는 우연과 상상에 근거해서 각기 다른 세 가지 이야기를 펼친다. 범상한 대화를 듣는다고 생각했던 관객의 허를 찌르는 상황이 발생하기도 하고, 인물들 역시 예상치 못한 당혹감을 마주하기도 한다.

각각의 이야기가 흥미로운 이유는 이것이 삶의 모양과 밀접하게 닮아 있기 때문이다. 인생은 결코 우리가 계획한 대로 흐르지 않는다. 일상의 사소한 모든 순간은 수십 가지의 우연과 그 우연을 맞닥뜨린 개인의 선택으로 이루어진다. 영화와 삶은 닮아 있고 둘은 서로를 모방한다. 하마구치 류스케 감독은 이 표현이 가장 잘 어울리는 오늘날의 연출가 중 한 명이다. 그는 영화

✧

—

라는 형식으로 삶의 우연성을 포착하고 거기에서 발생하는 상황과 관계의 아이러니를 이야기하고자 한다.

우연에 기대어 서사를 발전시키는 방식이 손쉬운 스토리텔링의 작법이라는 오해를 살 수도 있다. 다만 〈우연과 상상〉에서 이 방식은 한계라기보다 자유로운 실험처럼 보인다. 감독은 이것이 '리얼리티'라고 설명한다.

"우연은 드라마로 만들기도 어렵지만 일상에 흔한 것이기도 하다. 우연이 존재하는 것이 리얼리티이고, 바꿔 말하면 이 세계를 그리는 일은 우연을 그리는 것이라고 생각한다."

물 흐르듯 자연스러운 대사 처리, 인물의 상황에 순발력 있게 반응하는 카메라의 움직임은 이 영화가 즉흥성에 기대어 촬영된 것이라는 손쉬운 생각을 갖게 한다. 그러나 이는 관객의 착각이다. 핵심을 잃지 않으면서도 운율이 느껴지는 대사 연기는 즉흥으로 만들어내는 것이 불가능한 영역이다. 보기와 달리 하마구치 류스케의 작품은 꼼꼼한 각본, 반복적인 리허설을 통해 완성된다. 때문에 〈우연과 상상〉을 비롯한 그의 영화는 어쩌면 관객의 착각까지 계산된 결과물이라는 인상을 주기도 한다.

이 같은 작품의 톤 앤 매너는 감독의 독특한 연기 연출 방식에서 비롯된다. 하마구치 류스케는 배우들과 오랜 시간 동안 대본 리딩 작업을 거친다. '대본 워크숍'으로 알려진 과정이다. 특정한 감정을 정확하게 연기하기를 요구하는 것이 아닌 그 반대다. 배우는 어떠한 감정도 느껴지지 않을 때까지 대사를 반복해서 연습한다. 그의 입에서 기계적으로 대사가 흘러나올 때까지 기다리는 과정이다. 감독이 배우의 입에 잘 붙지 않는다고 판단하는 대사는 촬영을 시작한 이후에도 수시로 변경한다. 그리고 배우가 현장의 카메라 앞에 선 이후에는 어떠한 연기 디렉션도 내리지 않는다.

하마구치 류스케는 "배우가 캐릭터 자체가 되는 것을 바라지 않는다"고 말한다. 다만 자동적으로 외게 된 대사를 발음할 때, 현장에서 발생하는 우연을 적극적으로 받아들이는 방식으로 영화를 만든다. 촬영하는 날 배우의 컨디션, 갑작스레 변경되는 현장의 조건 등이 우연의 요소가 된다. 이 방식은 하마구치 류스케의 영화에 생기를 불어넣는 비법이기도 하다. 그의 영화는 연출가의 지휘 아래 완벽하게 통제된 진공 상태에서 탄생한 결과물이 아니라 스스로 숨을 쉬는 생명체처럼 느껴진다. 애초에 영화가 삶을 담기 위한 도구라면, 오늘날 하마구치의 작업은 그에 가장 근사하게 근접한 '우연과 상상'의 결과물인 셈이다.

관객에게는 자유로운 즉흥성을 상상하게 하면서 자신만의 치열한 구조적 실험을 지속하는 것. 하마구치 류스케가 영화라는 틀로 포괄하는 우연성, 느슨하게 흘러가는 듯 보이는 보통의

하마구치 류스케의 영화는
연출가의 지휘 아래
완벽하게 통제된
진공 상태에서 탄생한
결과물이 아니라
스스로 숨을 쉬는
생명체처럼 느껴진다.

대화 안에서도 어느 순간 날카롭게 포착되는 상황과 관계의 아이러니는 삶의 모양과 형편을 닮았다. 영화가 되길 꿈꾸는 삶과 삶이 영화가 되는 순간들. 이 영화는 차라리 '일상적 마술'이라 부르고 싶다.

세 가지 이야기 중 마지막 에피소드 '다시 한번'은 익숙한 슬픔과 다행스러운 기쁨이 감지되기에 더 특별하게 아름다운 이야기였다. 20년 만에 고향을 찾은 나츠코(우라베 후사코)가 오래도록 만나고 싶어 했던 고교 동창생과 재회하는 내용이다. 우리 모두의 심연에는 누군가에게 전하지 못한 언어가 있다. 시간의 먼지가 쌓인 채 고요하게 가라앉은 말들을 이따금씩 떠올리는 순간은, 그것이 영원히 발화되지 못할 것임을 알기에 더욱 분명한 서글픔을 인식하는 때이기도 하다. 나츠코는 그걸 "채워지지 않는 인생의 구멍"이라고 표현한다. 그리고 마침내 이렇게 말한다.

"그때 널 힘들게 했더라도 말했어야 해. 내 소중한 감정을 위해 싸우지 않은 걸 내내 후회했어."

오랜 세월이 지난 뒤에도 자신을 고백한다는 점에서, 나츠코는 용기 있고 강한 사람이다. 말을 전한다는 것이 단순히 내 마음의 무게를 상대에게 떠넘기는 일만은 아닐 것이다. 때론 내가 소중하게 쥐고 있던 공을 네트 너머로 넘겨야 하는 상황도 있다. 상대의 반응과 사고는 언제나 미증유의 영역이다.

삶으로부터 벗어날 수 없다는 편집증적 공포

——— **보 이즈 어프레이드**

Beau Is Afraid

아리 애스터라는 괴짜 필터를 통과한 카프카의 서사, 프로이트의 정신분석학, 트루먼쇼, 오디세이. 탄생의 순간과 가족이 자신의 선택으로 말미암은 것이 아니라는 데서 오는 공포는 감독에게 지속적인 자극이자 좋은 소재다. 억눌린 자아와 성적 좌절, 자기 부정과 불안의 역사에서 살아온 중년 남자의 근원을 따라가는 이 편집증적 여정에 절제란 없다. 순진하리만치 노골적인 욕망의 구현들은 분명 당혹스러운 순간들이 있지만, 주인공을 심판하는 관중과 극장 안 관객을 적극적으로 일치시키려는 감독의 야심 또한 분명하다. 우리는 인위적이고 때론 위악적이며 고약한 농담 속으로 초대되어 버렸다.

사랑의 운명, 도시가 잃어버린 신화

——**운디네**

Undine

역사를 발밑에 묻은 채 지어진 도시 베를린을 설화 속 정령이 거닌다. 이 신비로운 공존의 가능성에서 출발한 영화는 가려진 사랑의 운명과 도시가 잃어버린 신화를 이야기한다. 파열 이미지의 반복, 현실의 공간인 육지와 신화적 공간인 물속을 오가는 구성을 통해 매혹적인 리듬을 완성한다. 본래 그에게 주어진 사랑의 운명은 비극이지만, 설화 속 주인공으로서의 서사를 거부하고 운명을 선택하는 운디네의 모습을 비추는 후반 대목들 역시 근사한 변주다.

'No Crying'의 규칙

——— **프렌치 디스패치**

The French Dispatch

〈프렌치 디스패치〉는 단순히 한 편의 영화라기보다, 인쇄 매체의 벨 에포크에 보내는 러브 레터에 가깝다. 따라서 일반 관객보다 과거나 현재 매체 종사자들의 마음을 살 확률이 높아 보인다. '보는 잡지'를 지향한 만큼 이미지와 텍스트가 엄청나게 쏟아지는데, 그 양은 웨스 앤더슨 감독의 연출작 중에서도 손에 꼽을 정도로 방대하다. 극의 공기에 작은 여백도 허락하지 않는 감독 특유의 강박적인 화면 세공을 즐기는 이들에게는 최고의 선물이 될 것이다. 현실 세계의 이슈들과 완벽한 스타일이 충돌하는 그 사이 어딘가의 긴장 역시 탁월하다.

극 중 매거진 '프렌치 디스패치'를 이끄는 아서 하위처 주니어(빌 머레이)는 꽤 이상적인 편집장이다. 2000자를 주문한 원고가 무려 다섯 배 분량으로 들어와도 별말 않는 그가 용납 못 하는 단

하나의 조건은 눈물. 그의 사무실에는 마치 사훈처럼 "no crying" 이라는 문장이 붙어 있다. 이는 배우들에게 요구하는 웨스 앤더슨의 조건 같기도 하다. 그의 영화 속 배우들은 특정 허용치 이상의 감정을 빼앗긴 사람처럼, 보이지 않는 커트라인 안에서 기민하게 움직인다. 〈프렌치 디스패치〉에서 딱 한 번의 눈물은 루신다 크레멘츠(프랜시스 맥도먼드)의 몫이다. 하지만 알고 보면 최루탄 가스에 대한 자연스러운 신체 반응이었을 뿐이라는 싱거운 진실이 곧 드러난다. 개인적으로는 맥도먼드가 〈쓰리 빌보드〉(2018)를 찍은 직후 인터뷰에서 "요즘 배우들은 연기할 때 너무 많이(실제 발언에는 욕설이 섞여 있다) 운다"라며 불만을 토로한 대목을 실소를 터뜨려가며 읽은 터라, 이 장면은 은근한 풍자로 보이기도 했다.

편집장의 급작스러운 사망 소식이 날아든 이후에도 기자들은 "no crying"의 규칙을 지킨다. 그들은 울며 슬픔을 나누는 대신, 여느 때처럼 지면을 위한 기사를 꼼꼼하게 준비한다. 이윽고 편집 회의를 끝낸 기자들의 입을 통해 편집장의 부고 기사를 위한 문장들이 하나씩 흘러나오고, 이 문장들이 더해져 점점 문단의 형태로 불어나는 풍경은 〈프렌치 디스패치〉에서 내가 가장 좋아하는 장면이다. 웨스 앤더슨은 언제나 데일 듯 뜨거운 공감 대신 예민하고 정중한 거리 두기의 방식을 택한다. 눈물은 없지만, 그걸로 충분하다.

✧

—

영화를 왜 만들어야 하냐고 물으신다면

—— 거미집

영화가 뭐라고. 〈거미집〉을 보는 내내 든 생각이다. 하지만 이 작품은 '그럼에도 영화!'를 외친다. 1970년대를 배경으로 영화를 둘러싼 창작의 고뇌와 열망을 그리는 이 소동극은 〈조용한 가족〉(1998), 〈반칙왕〉(2000) 등 김지운 감독의 초기작에서 발견되던 블랙 코미디의 기운이 물씬하다. OTT와 숏폼 그리고 유튜브가 모든 것을 대체해 버릴 듯한 시대에 여전히 영화로, 영화만이 할 수 있는 것이 있다는 증명과도 같은 작품이라는 점에서 뭉클한 구석이 있다.

"그대로 찍으면 틀림없이 걸작이 된다. 이걸 알고도 비난이 무서워 피하면 죄악이 된다."

반복해 꾸는 꿈에서 걸작의 기운을 감지한 감독 김열(송강호)은 이미 다 찍은 영화의 결말을 바꾸려 한다. 이틀의 말미만 있으면 해결될 것도 같지만 상황은 만만찮다. 세트는 이미 철거를 시작했다. 배우들은 이미 다른 작품 촬영에 여념 없다. 가장 큰 문제는 검열이다. 결말을 수정한 시나리오는 아직 문화공보부의 허가를 받지 못했는데, 미풍양속을 저해하는 내용이라는 이유로 불허될 가능성이 충분하다. 남편에게 버림받고 스스로 목숨을 끊는 여주인공 민자(임수정)가 욕망을 불태우며 남편과 시부모에게 복수하는 인물로 뒤바뀌었기 때문이다.

스스로 걸작의 기회를 포기하는 죄악을 저지르지 않기 위해 김 감독은 결국 사람들을 불러 모아 재촬영을 감행한다. 불평 가득한 사람들 속 유일한 조력자는 미도(전여빈). 김 감독의 스승인 거장 신 감독의 조카이자, 제작사 신성필림의 재정 담당이다. 우여곡절 끝에 카메라는 다시 돌아가지만 호세(오정세)와 유림(정수정) 등 주연 배우들의 온갖 불평, 재촬영 금지를 못 박으며 해외로 떠났던 신성필림 대표 백 회장(장영남)의 귀환, 문공부 공무원의 단속까지 김 감독에게 닥치는 위기는 산 넘어 산이다.

〈거미집〉은 '영화 만들기의 영화'를 자처한다. 무대와 백스테이지를 함께 비추듯 카메라 앞과 뒤의 상황을 번갈아 오가는 구조다. 아수라장 같은 촬영장의 상황은 컬러로, 김 감독이 촬영 중인 영화 '거미집'은 흑백 화면으로 구분한다. 각자의 사정을 안고 있는 여러 캐릭터의 앙상블과 속사포 같은 대사가 유머를 책임지는 사이, 〈거미집〉은 보다 본질적인 이야기 속으로 돌진해 간다. 왜 지금 1970년대의 영화 현장인가. 극 중 극인 '거미집'은 〈하녀〉(1960) 등으로 유명한 김기영 감독의 작품들을, 김 감독의 스승인 신상호의 존재는 당대 최고의 감독 중 하나였던 신상옥 감독을 느슨하게 연상시키기도 한다. 그러나 이는 어디까지나 시대를 대표했던 아이콘들의 상징성만을 가져온 것에 가깝다. 그보다 〈거미집〉에서는 시대 배경 자체가 더 중요해 보인다.

당시 한국의 영화 산업과 창작자들은 긴 암흑기를 통과하는 중이었다. 대중문화 예술에 정부 검열이 필수였던 터라 대본 사전 심의는 물론 완성본 사후 심의까지 거쳐야 했다. 검열을 앞서는 창작은 존재하지 않았지만, 창작의 무덤이라 여겨지던 그 시절에도 영화는 이어졌다. 영화 산업이 완전히 멈추다시피 했던 코로나19 팬데믹을 거치면서 김지운 감독의 시선이 과거로 향한 진짜 이유다.

그는 〈거미집〉이 "지금보다 더 힘들었던 1970년대의 선배 감독들은 어떻게 영화를 찍었을까 고민하다 만들게 된 작품"이라고 말한다. 영화는 무엇이며 끝내 무엇이 되려 하는가. 위기의 순간마다 창작자들은 자신의 행위에 어떤 질문을 던지며 앞으로 나아갔는가. 팬데믹 이후 한층 더 위기론이 짙어진 산업 안에서 이 질문은 창작자들의 현실적 고민이 되고 있다. 〈거미집〉은

영화는
무엇이며
끝내 무엇이
되려 하는가.

그 과정을 통과해 나온 하나의 결과물이다. 영화의 미래에 대해 누구도 뾰족한 답을 내릴 순 없지만, 일단 질문 자체와 대면하는 것을 피할 수 없게 된 것이다.

보란 듯이 걸작을 만들어 세간을 깜짝 놀라게 하고 싶은 바람은 기실 모든 창작자의 욕망이다. 특히 아직도 위대한 거장 감독이었던 스승의 그림자 아래 있는 데다, 데뷔작의 성공 이후 늘 싸구려 치정극이나 만든다는 평가에서 자유롭지 못한 김 감독은 필히 차기작으로 자신의 능력을 증명해야 하는 처지다. 하지만 김 감독의 간절한 바람은 타인에게는 이해 못 할 아집일 뿐이다. 특히 백 회장의 한마디가 결정적이다.

"걸작을 왜 만들어요? 그냥 하던 거 하세요."

누구도 보지 못한 새로운 영화를 만들겠다는 김 감독의 강박적 태도는 '플랑 세캉스(plan-séquence, 원 신 원 컷)'로 수렴된다. 그는 복수의 화신이 된 민자가 모든 것을 불태워버리는 마지막 장면을 원 테이크로 완성하려 한다. 이는 김 감독의 무리한 고집이긴 하지만 하나의 리듬, 끊을 수 없는 앙상블이자 에너지는 영화 현장에서 추구할 수 있는 궁극의 무언가이기도 하다. 감독이자 작가 캐릭터는 창작자의 자전적 고백이라는 필연성을 가진다는 점에서, 어떻게든 영화를 완성하고자 하는 김 감독의 의지는 작품 밖 실제 감독의 의지와 공명하는 측면이 있다.

실제로 〈거미집〉 속 김 감독의 고뇌는 모든 창작자가 수시로 겪을 혼란과 이어진다. 수많은 방해꾼, 쏟아지는 악평, 자신의 비전과 현실적 문제들 사이의 간극이 매 순간 창작의 의지를 꺾는다. 하지만 진짜 공포는 따로 있다. 애초에 내게 재능이란 존재하지 않으며, 지금의 현상 유지는 그저 잘 포장된 잔재주 덕분이라면? 그냥 운이 좋았다면? 김 감독의 공포를 경유한 〈거미집〉은 픽션을 빌린 모든 창작자의 솔직한 자기 고백이기도 하다. 아닌 게 아니라 김 감독이 현장의 유일한 지원자 미도에게 속내를 털어놓고 모종의 결의를 도모하는 장소는 의미심장하게도 성당의 고해성사 내부 세트다.

영화 촬영을 둘러싸고 거미줄처럼 얽히고설킨 이해관계가 만든 거대한 소동의 풍경 안에서 〈거미집〉이 끝내 털어놓는 진심은 소박하다. 이 모든 괴로움과 자기 검열과 강박에도 불구하고 작업을 멈출 수 없는 바탕에는 열정과 사랑이 있다고. 그것만이 여전히 영화를 만들게 하는 동력이라고. 오묘한 표정으로 영화의 엔딩을 장식하는 김 감독의 얼굴에서 우리는 무엇을 읽어낼 것인가. 연약하게나마 희망을 볼 것인가, 체념과 절망을 볼 것인가. 1970년대로 시계를 돌린 영화의 풍경이 산업 위기론이 팽배한 2023년에 말을 걸어왔다.

✧

—

미쳐야 사는 여자들

—— 글리치

SF를 바탕으로 한 자유분방하고 호기로운 장르 대통합의 각본, 본궤도에서 때때로 이탈하며 기이한 블랙 코미디적 기운으로 달려가는 노덕 감독의 연출, '미친 애 옆에 더 미친 애'라는 사랑하지 않을 수 없는 캐릭터 조합. 〈글리치〉는 어디로 튈지 모르게 소란스럽고 방대하지만 결코 이야기가 가고자 하는 방향을 잃지는 않는다는 점에서 매력적이다.

주인공 지효(전여빈)의 눈에 보이는 외계인에서 시작해 사이버 종교 집단의 중심부까지 돌진하는 10부작을 전부 관통하고 나면, 의외로 현실적인 시대 풍경에 발붙이고 있는 작품이라는 감상이 명확해진다. 믿을 것이 없다는 불확실성, 비대하지만 불안한 자아에 시달리는 세대의 자화상이 보인다. 이런 '시국'(사라진 지효의 남자 친구. 지효는 시국이 외계인에게 납치됐다고 믿는다)엔

때론 비이성적이고, 고루한 정답 대신 새로운 탐험의 여지라도 남아 있는 미지의 세계에 뛰어드는 것이 더 현명한 선택일지 모른다.

"세상에 근거 있어서 생기는 일이 몇 가지나 있다고 그래?"

서로 다른 인물들로부터 반복 발화되는 이 문장은 꽤 적절한 성찰이다.

우린 결국 다 망할 거예요. 그래도…

——돈 룩 업

Don't Look Up

천문학과 대학원생 케이트 디비아스키(제니퍼 로렌스)가 학계에 보고되지 않은 혜성을 발견한다. 자신의 이름을 붙일 새로운 별이 나타났다는 기쁨도 잠시. 담당 교수 랜들 민디(레오나르도 디카프리오)와 함께 분석해본 결과, 이 행성은 지구를 향해 맹렬하게 날아오는 중이다. 에베레스트 크기와 맞먹는 크기의 행성과 충돌했을 때 결과는 빤하다. 지구상의 거의 모든 생명체는 살아남지 못할 위기다. 남은 시간은 단 6개월. 두 사람은 백악관으로 향해 사태의 심각성을 알리고, 인기 방송 프로그램에 출연해서 사람들에게 경고하고자 한다. 하지만 이 소식은 정부와 미디어, 대중의 관심을 끄는 데 자꾸만 실패한다.

넷플릭스 오리지널 〈돈 룩 업〉은 '재난 블랙 코미디'다. 이 영화는 비슷한 소재 앞에서 〈딥 임팩트〉(1998)가 보여주는 인류

애, 〈멜랑콜리아〉(2011)가 자아내는 거대한 우울감 같은 것에는 관심이 없다. 종말이라는 재난은 시시각각 다가오고 있지만, 정작 그보다 더한 재난은 그것을 대하는 사람들의 놀랄 만큼 무신경한 태도 그 자체다. 여기엔 재난 상황을 둘러싼 거대하고 씁쓸한 냉소의 풍경만이 존재한다.

대통령(메릴 스트립)의 관심은 곧 열릴 선거와 대법관 후보 지명에만 쏠려 있다. 그가 직접 추천한 대법관 후보가 포르노 모델 출신이라는 사실이 밝혀지면서 언론과 대중의 관심은 이미 그리로 전부 몰린 상태다. 정부 반응이 이렇다면 방송의 힘을 빌릴 수 있지 않을까. 불행하게도 상황은 비슷하거나 더 최악이다. 아무리 제대로 사실을 알리고 위험을 경고해도 방송국은 "좀 더 재미있게"만을 요구한다. 이에 기겁한 디비아스키는 생방송에서 극도로 흥분한 모습을 보이고, 그 결과 그는 전 세계에서 가장 참을성 없고 과격한 캐릭터로 낙인찍혀 인터넷에서 조리돌림이나 당하는 신세가 된다. 상대적으로 점잖은 태도를 유지하던 민디 교수는 해당 프로그램의 여성 진행자 브리(케이트 블란쳇)의 눈에 들어 '세상에서 가장 섹시한 과학자'라는 타이틀을 얻으며 일약 스타덤에 오른다.

모두가 합심해서 머리를 맞대도 모자랄 판에 진영은 양극단으로 나뉘기 시작한다. 거대 기업과 결탁한 정부는 지구로 다가오는 행성의 궤도를 바꾸거나 미리 파괴시키는 방법보다 그것이 값비싼 광물 덩어리라는 사실에 더 주목한다. 그사이 진실을 알리려는 디비아스키와 민디의 행동은 점차 쓸데없는 공포를 조장하려는 이들의 호들갑으로 몰린다. 어차피 대중은 두 사람의 외침보다 인기 연예인의 결별과 재결합 같은 스캔들에 더 격렬한 반응을 보이고 있다. 급기야 제발 하늘을 보고 사태의 심각성을 깨닫자는 '저스트 룩 업(Just Look Up)'에 맞서 하늘을 보지 말자는 '돈 룩 업(Don't Look Up)' 운동이 일어난다.

〈돈 룩 업〉을 연출한 아담 맥케이 감독은 미국의 유명 코미디쇼 〈새터데이 나이트 라이브(Saturday Night Live, SNL)〉의 메인 작가 출신이다. 영화의 메가폰을 잡은 이후에는 최근작으로 올수록 시니컬한 유머 감각을 바탕으로 날카로운 풍자를 보여주고 있다. 대표적인 작품이 〈빅쇼트〉(2015). 2008년에 일어난 리먼 브라더스 파산 사태와 서브 프라임 모기지론을 둘러싸고 파탄이 났던 미국 경제에 대한 해설서 같은 작품이다. 등장인물이 갑자기 관객을 향해 직접 경제 용어를 설명하거나 하는 신선한 연출, 복잡한 경제 이야기를 흥미롭게 갈무리하는 능력으로 호평받은 바 있다.

조지 W. 부시 정권 시절 무소불위의 권력을 휘둘렀던 딕 체니

전 미국 부통령을 중심으로 세계 도처의 난제들이 탄생한 원인을 짚었던 〈바이스〉(2018) 역시 과감하고 논쟁적인 코미디였다. 아담 맥케이의 영화는 이토록 적나라한 고발에도 불구하고 정치와 경제에 여전히 무관심하며 어쩌면 앞으로도 무관심할 이들을 꼬집는 힘이라 해도 과언이 아니다.

〈돈 룩 업〉도 마찬가지다. 물론 극 중 재난 상황은 어디까지나 극화된 이야기지만, 감독은 작품 안에 현실 세계와의 접점을 부지런히 끌어다 놓는다. 실제로 지구 종말을 앞당기는 환경 문제는 여전히 위기이고, 사람들은 사태의 심각성을 깨닫는 대신 눈앞의 재미를 좇는 데만 관심을 보인다. 종말까지 6개월이 남았다는 영화 속 제한적 타임라인은 '언젠가는 남극의 빙하가 다 녹을 것'이라는 막연한 예언보다 훨씬 뾰족하게 피부로 다가온다. 참을성이 바닥난 민디 교수가 화면을 똑바로 바라보며 "다들 대체 정신머리가 어떻게 된 거냐"고 울화를 터뜨릴 때, 그의 절규는 평소 환경 운동에 앞장서는 배우인 레오나르도 디카프리오의 실제 모습과 겹치며 한층 흥미로운 지점을 만들어내기도 한다.

영화는 인류 전체가 실제 직면한 재난이었던 코로나19라는 팬데믹 상황과도 정확히 공명한다. 정치의 영역에서는 근본적인 변화와 해법을 고민하는 대신 지지율을 둘러싼 공방만이 이어지고, 기업은 검증되지 않은 기술로 인류의 행복과 미래를 논한다. 여기에 팩트에 집중하는 대신 대중의 입맛에만 맞는 얄팍한 뉴스들로 눈을 가리는 미디어의 행보까지 더해지는 모습. 비단 영화 속에만 국한된 풍경이라고 보긴 어렵다.

신랄한 풍자와 냉소적 코미디로 달려가던 영화가 숨을 고르는 것은 후반에 다다라서다. 청년 율(티모시 샬라메)의 등장은 디비아스키 그리고 나아가 민디와 그의 가족들에게 영향을 미친다. 이들 모두는 종말 앞에서 분노하며 외치는 것을 그만두고, 차라리 옆 사람의 손을 잡고 삶의 아름다움을 기억하면서 서로를 위해 기도하는 길을 택한다. 두려움 앞에 요란하게 반응하는 대신 차분하게 사랑의 언어를 주고받는 이들은 더 이상 하늘을 올려다보지 않는다. 언젠가 정말로 인류에 종말이 찾아온다 해도 인간다움을 지키는 이런 결말이라면 나쁘지만은 않을 것이다. 이 모든 일이 만약 당신의 경우라면 어떤 선택을 하겠는가. 하늘을 볼 것인가, 보지 않을 것인가.

불온한 상상력의 스펙터클

—— 놉

Nope

이게 무슨 얘기야? 이것은 이제 막 〈놉〉을 다 관람한 당신의 첫마디가 될 가능성이 높다. 이 영화는 〈겟 아웃〉(2017), 〈어스〉(2019)를 통해 인종 차별이라는 사회심리학적 소재, 독창적인 방식의 시각적 공포를 함께 버무리는 재주로 전 세계를 열광시킨 조던 필 감독의 신작이다. 이번에는 UAP(unidentified aerial phenomenon, 미확인 공중 현상)가 중심 소재다. SF와 서부극, 공포와 코미디, 기존 걸작들의 오마주 장면까지 방대한 상상력이 자유분방하게 섞인 이 작품은 원작이 없는 오리지널 각본이라는 점에서 우선 놀라움을 안긴다. 분명 처음부터 끝까지 한 장면도 놓치지 않고 보았는데도 무언가를 놓친 것만 같은 뒷맛을 남기는 이 영화. 대체 정체가 뭘까.

OJ(대니얼 컬루야)는 헤이우드 목장의 말 조련사다. 그의 가문은 대대로 말(馬)을 관리해 영화와 광고 등의 촬영장에 조달해왔고, 자신들이 할리우드 영화사에 중요한 획을 그었다는 자부심을 가지고 있다. 어느 날 그의 아버지가 하늘에서 일어난 기현상으로 인해 갑작스럽게 사망하는 일이 벌어진다. 목장 운영의 책임은 OJ와 동생 에메랄드(케케 파머)의 몫으로 남지만, 컴퓨터 그래픽이 실제보다 더 실제 같은 이미지를 전부 만들어내는 시대에 가문의 역할은 예전 같지 않다. 오빠와 달리 사업 수완이 뛰어나고 유명해지는 데 목마른 에메랄드는 이상 현상을 촬영해 방송국에 제보하자는 적극적인 아이디어를 낸다.

'그것'의 진짜 정체를 알게 된 헤이우드 남매는 할리우드의 유명 촬영 감독(마이클 윈콧), 목장에 카메라를 설치한 마트 점원(브랜든 페레아)과 함께 UAP 포착을 위한 사투를 준비한다. 한편 목장 근처에는 카우보이를 테마로 한 놀이동산 '주피터 파크'를 운영하는 리키 주프 박(스티븐 연)도 있다. 그는 과거 TV 프로그램에 어린이 배우로 출연해 유명세를 얻었던 인물이다. 그 역시 하늘에서 기현상을 목격한 뒤, 이를 자신의 쇼에 접목해 화제를 모으려 궁리 중이다.

헤이우드 가문과 할리우드, 미확인 공중 현상과 서부극이라는 장치는 언뜻 서로 연결되지 않을 듯 보이지만 극 안에서 긴밀한 연결점을 가진다. 우주 공간에서 온 '그것'은 인간부터 땅 위

그간 당연한 듯
배제되었던 역사 속
흑인 남매가
가장 할리우드적인 방식으로
'그것'에 활력 넘치게
맞서는 과정은 과연
통쾌하며 인상적이다.

의 모든 것을 먹어치울 기세로 빨아들인다는 점에서 기존 질서를 파괴하는 존재다. 바꿔 말하면 착취의 주체이기도 하다는 점에서 서부극의 민낯과 공통점을 지닌다. 서양의 역사는 개척사회의 신화로 쓰여 왔지만 실은 토착민을 내쫓고 폭력으로 새롭게 써 내려간 역사일 뿐이다. 그리고 서부극은 이 '착취의 역사'를 스펙터클한 이미지로 탈바꿈시켜 소비하게 만든 대표 장치다. 애초에 할리우드의 영화 산업이 유지된 방식이기도 하다.

헤이우드 남매는 촬영 현장의 관계자들 앞에서 1887년 에드워드 마이브리지가 만든 활동사진을 중요하게 언급하곤 한다. 마이브리지의 이름은 남았지만 활동사진 속 말을 타고 달리는 흑인 기수의 이름은 누구도 기억하지 못하며, 자신들이 그 후예라는 것이다. 〈놉〉은 그렇게 그동안의 영화적 유산을 자랑스럽게 기억하고 이야기하는 동시에 누락되고 잘못 기록된 것들을 바로잡아야 한다고 꼬집는다. 그간 당연한 듯 배제되었던 역사 속 흑인 남매가 가장 할리우드적인 방식으로 '그것'에 활력 넘치게 맞서는 과정은 과연 통쾌하며 인상적이다.

그러나 조던 필은 이들의 행적을 쉽사리 영웅화할 생각이 없다. '그것'을 포착하려는 OJ 남매의 바람은 점차 이미지를 향한 과욕으로 치닫는다. 기술 때문에 할리우드의 카메라 앞에서 점차 외면받는 이들이 돈을 벌려는 수단 역시 아이러니하게도 카메라다. 에메랄드가 유명 촬영 감독까지 팀원으로 끌어들이는 이유다. 현장의 베테랑인 그도 새로운 것을 포착하고픈 욕망으로부터 자유롭지 못하다. 할리우드의 생리는 스펙터클한 이미지의 착취와 그것에 무비판적으로 열광하는 이들을 통해 유지된다. 미디어와 결속해서 유명세를 얻고 싶은 사람들, 서로를 구경하는 존재들, 착취로 돈을 벌려는 이들까지 OJ 남매와 주프 등 모든 인물이 오늘날의 풍경을 대변한다. "내가 또 가증하고 더러운 것들을 네 위에 던져 능욕하려 너를 구경거리가 되게 하리니". 영화가 제시하는 나훔 3장 6절의 구절은 의미심장하다.

스티븐 스필버그의 〈미지와의 조우〉(1977)부터 〈아키라〉(1988), 〈에반게리온: 서〉(2007) 등까지 방대한 레퍼런스를 기반으로 하는 이 영화에는 익숙한 것을 낯설게 바라보는 감독 특유의 방식 역시 또렷하게 새겨져 있다. 〈겟 아웃〉에서는 사냥당하는 사슴, 〈어스〉에서는 복제된 또 다른 '우리'를 상징했던 토끼, 〈놉〉에서는 말이 상상력의 씨앗이 된다. 동물뿐 아니라 본래의 용도와 완전히 다른 방식으로 사용되는 물건으로부터 발휘되는 기이한 힘도 여전하다. 〈겟 아웃〉의 목화솜, 〈어스〉의 가위에 이어 〈놉〉의 말 모형과 거대 풍선 인형 등이 영화의 결정적 디테일들을 만든다.

✧

기적은 누구의 관점에서 어떻게 서술하느냐에 따라 달라진다. 잠시 영화의 처음으로 거슬러 가보자. 〈놉〉은 조금은 의외의 장면으로 문을 연다. TV 쇼를 촬영 중인 세트장은 쓰러져 죽은 사람들이 흘린 피로 가득하다. 발작을 일으킨 침팬지의 소행이다. 난장판이 된 스튜디오 바닥에는 누군가의 신발 한 짝만 멀쩡하게 세로로 세워져 있다. 주변을 천천히 돌아보던 침팬지는 이내 카메라와 눈을 맞춘다. 점점 다가오는 침팬지, 화면은 이내 헤이우드 목장의 풍경으로 전환된다. 이 침팬지가 인기 프로그램에 고정 출연하던 '고디'이며, 당시 스튜디오에서 고디의 살육으로부터 유일하게 살아남았던 인물이 어린 주프였다는 사실은 나중에 드러나는 정보다. 첫 장면에서 침팬지를 좇는 카메라의 움직임은 주프의 시점이다.

스튜디오 바닥에 접착제라도 발라둔 듯 꼿꼿하게 서 있던 신발은 주프의 입장에서는 '기적의 증거'였다. 그는 마치 박물관에서 고대 유물을 대하듯 이를 귀하게 보관한다. 그러나 당일 침팬지의 공격으로 사망한 이들과 사살당한 동물이 흘린 피로 얼룩진 녹화장의 풍경은 기적이 아닌 저주의 그것에 가깝다. 저주를 기적으로 믿었던 주프는 자신이 다시 한번 그 주체가 될 수 있을 거라는 오만에 빠진다. 그런 그가 맞는 최후는 처참하다.

첨예한 인종과 계급 문제에서 약간은 벗어난 SF 활극을 만들었지만, 이처럼 조던 필 감독의 영화는 여전히 '관점의 차이'를 적극적으로 제시하고 있다. 〈놉〉의 포스터가 〈죠스〉(1975)의 포스터를 오마주한 것도 같은 맥락으로 읽힌다. 〈죠스〉의 포스터에서는 포식자(상어)가 인간을 곧 삼킬 듯이 올려다보고 있지만, 〈놉〉에서는 인물들이 '그것'이 존재하는 하늘을 올려다본다.

〈놉〉의 시도는 '직시하기의 거부'라는, 최근 할리우드에서 이따금씩 등장하는 테마와도 유사한 연결점을 갖는다. 영화에서 인물들이 살아남을 수 있는 유일한 방법은 '그것'과 눈을 마주치지 않는 것이다. 살아남기 위해 눈을 가리는 인물들의 이야기 〈버드 박스〉(2018), 행성의 지구 충돌 현실을 무시하는 이들을 냉소하는 〈돈 룩 업〉 같은 영화들이 떠오른다. 어떤 이유로 현실을 직시하지 못하거나 그러기를 거부한다는 것. 이것이 동시대 영화가 포착하고 있는 오늘날의 풍경 중 하나라는 점은 확실히 그리 유쾌한 일만은 아니다.

딜레마 위에 펼쳐진 소시민 지옥도

——— 콘크리트 유토피아

대지진 후 세상의 모든 것이 무너져 내렸다. 단, 내가 살고 있는 아파트 건물만 빼고. 〈콘크리트 유토피아〉는 이 같은 상상력에서 출발하는 영화다. 통신을 포함한 대부분의 사회 체계가 망가진 세상에서 최우선의 문제는 생존 그 자체다. 그간 확고하게 나를 지탱한다고 생각했던 가치관들이 무색해지는 순간, 여전히 인간이기에 내릴 수 있는 선택은 무엇일까. 그것은 무엇에 근거해야 할까.

재난 앞에서 기존의 사회 질서는 무용하다. 중앙정부 구조가 무너진 뒤 공동체는 집단적이고 국지적으로 작게 분열된 채 유지될 수밖에 없다. 이 형태는 차라리 부족이라 칭하는 게 더 적합할 것이다. 그 안에서 변화된 생활양식에 근거해 다수가 가장 합리적이라고 믿는 방식의 의사 결정이 이뤄진다. 이때 인간 의지는 어느 쪽으로 발휘되기가 더 쉬울까. 문명의 증거인 인간성과 이타심, 연대 의식 같은 건 위기의식 속 본능 앞에서는 가장 먼저 버려지는 가치일지 모른다. 재난 상황에서 약탈과 징발을 구분해야 하듯, 그 역시 비난할 수만은 없는 생존 방식이다. 그러나 더 나은 결정을 추구하는 인간 행동을 둘러싼 딜레마는 언제나 존재한다. 〈콘트리트 유토피아〉 속 재난의 풍경은 이 딜레마 위에 세워진다.

대지진이 만든 폐허 속 유일하게 무너지지 않고 우뚝 선 황궁 아파트는 하루아침에 살아남은 자들의 '유토피아'로 변모한다. 바깥은 강추위가 몰아닥치는 한겨울, 소문을 들은 외부 생존자들이 아파트로 모여들자 한정된 물자로 살아남아야 하는 입주민들은 위협을 느낀다. 이들은 곧 "아파트는 주민의 것"이라는 규칙을 세우고 단체 행동에 돌입한다. 화재가 발생했을 때 살신성인의 자세로 불 속에 뛰어들어 진압했던 902호 영탁(이병헌)이 의심할 바 없이 주민 대표로 선정되고, 영탁을 중심으로 아파트 내 새로운 질서가 만들어진다.

이들은 애초에 황궁 아파트의 주민이 아니었던 사람들을 몰아내는 것을 시작으로 수색대, 의무반 등을 꾸리는 활동에 돌입한다. 식수 및 생활용품은 생존 기여도에 따라 차등 배급을 원칙으로 한다. 외부인 출입은 철저히 금지다. 어느덧 이들이 아파트

바깥 생존자들을 '바퀴벌레'라 칭하는 사이, 그들 사이에서는 황궁 아파트 주민들이 사람을 잡아먹는다는 괴소문이 나돈다. 황궁 아파트의 질서는 영탁의 활약 아래 짐짓 잘 유지되지만, 주민 외 생존자를 배척하는 방식에 인간적인 고민과 거부감을 느끼는 이들도 있다. 주민들 사이에서 조금씩 꿈틀대던 갈등은 외부에서 생존해 집으로 돌아온 혜원(박지후)의 등장으로 본격화된다.

영화의 원작은 김숭늉 작가의 웹툰 〈유쾌한 왕따〉의 2부 〈유쾌한 이웃〉이다. 지진으로 무너진 학교 지하실에 갇혔던 '왕따' 동현과 그 일행이 건물을 빠져나와 우경 아파트로 향하면서 벌어지는 일들을 그린 작품이다. 지진으로 무너진 세상, 유일하게 멀쩡한 아파트 건물이라는 기본적 세계관만 공유했을 뿐 〈콘크리트 유토피아〉는 사실상 원작과는 전혀 다른 가지를 뻗어나간 작품이다. 배경 자체는 원작의 상상력이 토대였다 하더라도, 시네마의 본령을 잊지 않는 순간들이 침착한 인상의 격을 만들며 한발 더 나아가는 미덕을 지녔다. 재난 후 처음으로 주민들이 다 같이 파티를 열던 날, 윤수일의 유행 가요 '아파트'를 열창하는 영탁의 얼굴에서 출발한 카메라가 그의 진짜 욕망을 알 수 있는 플래시백으로 파고들어갔다 다시 빠져나오는 흐름은 〈콘크리트 유토피아〉에서 가장 인상적인 장면이다.

엄태화 감독이 촬영 전 스태프들에게 제시한 레퍼런스는 파블로 피카소가 1937년에 그린 대작 '게르니카'였다고 한다. 나치 공군기의 폭탄 투하로 인해 폐허로 변한 스페인 북부의 작은 마을 게르니카를 담은 그림 속에서는, 전쟁의 비참함에 노출된 평범한 이들의 절규가 울려 퍼지고 있다. '소시민들의 지옥도'라는 점에서 그림은 〈콘크리트 유토피아〉의 정확한 토대다.

"저는 이 아파트가, 우리 주민들이 선택받았다, 그렇게 생각합니다."

영탁의 대사는 〈콘크리트 유토피아〉의 모든 아이러니를 함축하는 한마디다. 단지 무너지지 않고 생존했기에 기적이라 불리던 것은 이내 곧 새로운 특권이 된다. 주거 지역이기 이전에 부동산 가격으로 먼저 등치되는 공간인 아파트를 중심으로 펼쳐지기에 영화 속 공포는 한층 더 현실적이다. 재난 상황에서도 사람들이 부동산을 소유하기 위해 기울였던 금전적 노력은 쉽게 포기되지 않는다. 주민 회의에서 각자가 소유한 집이 자가냐 전세냐를 두고 가벼운 실랑이가 벌어지는 식이다. 처음에는 감투를 부담스러워하던 영탁은 어느새 주민들의 영웅이자 부조리한 독재자 그 어딘가에 서 있다. 자신이 '선택받았다'는 착각에 빠진 이들의 집단적 광기는 기이한 활력을 내뿜는다.

포스트 아포칼립스(종말 이후의 세계를 다루는 장르) 영화에

자신이
'선택받았다'는
착각에 빠진 이들의
집단적 광기는
기이한 활력을
내뿜는다.

속하지만 〈콘크리트 유토피아〉는 재난을 스펙터클로 치환해 보여주는 데 별다른 관심이 없다. 규모와 기술을 강조하기보다, 다양한 인간 군상을 보여주며 인간성 본질의 탐구를 추구한 블랙코미디 형태에 가깝다. 이는 오늘날 욕망의 집합체이자 한국 사회의 가장 정확한 축소판인 아파트를 배경 삼을 때부터 자연스럽게 정해진 수순일 것이다. 한국 사회에서 아파트는 단순한 거주 공간이 아니다. 부의 척도이자 사회 경제적 계급의 새로운 기준이다. 실제로 엄태화 감독은 영화의 제목을 자료 조사 차 읽은 동명의 인문 서적에서 따왔다. 아파트가 한국 사회에 신중산층을 탄생시킨 배경이자, 베이비붐 세대가 다른 세대와 자신들을 구분하는 자산이라는 내용을 담은 책이다.

다수가 일부의 생활 영역을 공유하는 공간인 아파트의 특징은 영화에서 적절한 배경으로 기능한다. 이웃의 정체가 불투명하다는 점에서다. 공간의 가치를 지키기 위한 집단행동은 합리적 지성보다는 공동체를 장악하는 특정 기운의 양상에 따라 좌지우지된다는 점도 주효하다. 디스토피아적 세계관 안에서 아이러니하게도 희망적 유토피아가 되어버린 공간. 혹은 그렇게 믿고 싶은 공간. 이를 둘러싼 인간의 욕망만큼은 폐허가 되는 법이 없다. 내 집 한 채 가지는 게 인생의 꿈이었던 평범한 사람들은 생존 앞에서 거침없이 악행을 저지른다. 벽에 걸린 액자 속 "이웃을 네 몸같이 사랑하라"라는 교리는 허망한 글자일 뿐이다.

하지만 이것이 선과 악의 대립이라기보다, 상식선에서 펼쳐지는 이타와 이기 사이의 딜레마라는 점이 〈콘크리트 유토피아〉의 핵심이다. 어린 시절 부모를 잃은 민성(박서준)은 안정적인 삶이 최우선이기에, 점점 폭군으로 변모해가는 영탁을 적극적으로 돕는다. 아내 명화(박보영)의 생존을 위해서라면 비인간적인 일도 마다않는다. 명화의 생각은 다르다. 타인을 배척하며 괴물이 되는 것은 삶이 아니다. 그의 신념은 때로 생존 의지보다 강하다. 그러나 이들 중 누가 가장 옳다고 판단할 수 있는가. 다양한 인물의 선택을 비추며 그것을 다시 관객 각자의 '나라면 어떻게 할 것인가'의 고민으로 치환해내는 이 영화의 질문은 값지다.

이병헌을 포함한 주요 배우들에게서는 그들의 최근작 중 가장 인상적인 얼굴이 발견된다. 연기, 극의 주제, 스타일, 테크닉의 면까지 두루 잘 잡은 작품이다. 〈가려진 시간〉(2016)으로 인상적인 상업영화 데뷔전을 치른 엄태화 감독은 이번 작품을 통해 한국영화 '다음 세대'의 어떤 증거를 보여준다. "희망을 버려. 그리고 힘내." 희망은 더디게 발견되겠지만 그럼에도 의지를 굳건히 응원하겠다는 〈싸이보그지만 괜찮아〉(2006)의 대사를 빌려 전하고 싶은 영화다. 극 중 인물들에게도, 영화를 만든 이들에게도.

대혼돈의 멀티버스

——— 에브리씽 에브리웨어 올 앳 원스

Everything Everywhere All At Once

〈에브리씽 에브리웨어 올 앳 원스〉(이하 〈에에올〉)를 어떻게 설명하면 좋을까. 2022년에 만난 가장 독창적인 상상력의 영화라는 표현은 너무 평범하다. 엄청나게 시끄럽고 믿을 수 없게 놀라운? 걸작과 괴작 사이? 세상에서 가장 화려한 만화경에 속수무책으로 빨려 들어가는 기분을 선사하는 작품? 열렬한 환호와 갸우뚱한 의문 사이 그 어딘가?

이 영화를 소개하기 위해선 '다중우주'를 먼저 말해야 한다. 이미 마블의 슈퍼히어로 영화들이 적극적으로 활용했기에 그다지 낯선 소재는 아니다. 나 자신과 내가 속한 세계가 단일한 존재가 아니며, 다양한 우주에서 전혀 다른 모습으로 살아가는 수많은 내가 존재한다는 것이 핵심이다. 〈에에올〉은 그 모든(에브리씽) 존재가 모든 곳(에브리웨어)에서 한꺼번에(올 앳 원스) 만나게 되면서 벌어지는 일들을 그린다.

영화 속 다중우주는 '가지 않은 길'들로 만들어진 세계다. 다른 우주 속 에블린(양자경)은 쿵푸 마스터이기도 하고, 피자집 팻말 돌리기의 고수이기도 하며, 손가락이 있어야 할 자리에 소시지를 대신 가진 이들의 세계에서 동성 연인을 사랑하는 인물이다. 성공한 영화배우이기도 하고, 동료의 천재적 영업 비밀을 알아차리는 철판 전문 요리사이기도 하다. 에블린이 인생의 중요한 순간에서 다른 선택을 했다면 가졌을 모습들이다.

에블린은 다른 우주의 자신에게 접속해 능력치를 전수받는 '버스 점핑'을 통해 위기를 극복해간다. 칼을 휘둘러야 하는 순간에 철판 전문 요리사인 자신과 접속하는 식이다. 에블린은 유난히 많은 우주를 가지고 있는데, 그건 그가 너무 많은 것을 포기하며 살았기 때문이다. 이루지 못한 목표가 너무 많은 "우주 최악의 에블린"은 바로 그 덕분에 세계를 구원할 절대자가 된다.

〈에에올〉이 지닌 독특함은 이 모든 상상력이 가장 보편적인 가치를 향하고 있기 때문에 나온다. 에블린을 쫓는 악당 조부 투파키의 정체가 딸 조이(스테파니 수)라는 점은 의미심장하다. 모든 것이 중요하기 때문에 역으로 모든 것이 의미 없다는 허무에 빠진 조부 투파키는 자신의 블랙홀인 '베이글'에 온 우주를 집어넣고 없애려 한다. 모두가 조부 투파키를 죽이라는 와중에도, 에블린은 그럴 수 없다. 그는 딸을 위해 다른 선택을 한다.

조부 투파키가 전 우주를 뒤져가며 집요하게 에블린을 찾은 것은, 끝내 그와 연결되고 싶었기 때문이다. 나를 이해하지 못하는 엄마. 나의 정체성을 인정하지 않는 엄마. 함께 있으면 무수하게 상처받지만 그럼에도 내가 온 우주에서 진정으로 이해받고 싶은 단 한 명의 존재. 영화는 모두의 각기 다른 우주가 충돌하더라도 포기하지 않고 혼란을 이해하며 껴안으려는 노력만이 서로를 구원할 수 있다고 말한다. 유머와 친절함, 이는 혼돈의 세상을 구하는 유일한 방법이다.

이민자 가족의 이야기, 자녀와 부모 세대의 화해, 스스로 몰랐던 자기 자신의 힘을 찾아가는 여성 서사, 20세기 쿵푸와 수많은 걸작 시네마 그리고 배우 양자경의 존재 자체에 바치는 헌사 등 〈에에올〉이 구성하고 있는 우주의 결은 하나로 압축되지 않는다. 현실 세계와 밀접하게 접속하다 못해 거의 동일한 존재가 되어버린 인터넷 세상이 주는 막연한 불안, '여기보다 어딘가에'의 다중우주를 꿈꿀 수밖에 없는 혼돈의 현실 역시 이 영화 속 상상력의 중요한 배경이다. 때론 무의미함의 연속인 삶을 돌파하는 가치로 사랑과 친절을 이야기하는 결론이 조금은 순진하게 들리기는 하지만, 결코 밉지는 않다.

유머와 친절함,
이는 혼돈의
세상을 구하는
유일한 방법이다.

뭔가 다른 히어로가 왔다

―― 보건교사 안은영

"보건, 보건교사다. 나를 아느냐, 나는 안은영."

중독성 강한 멜로디가 울려 퍼지면, 빛나는 장난감 칼과 비비탄 총으로 무장한 보건교사가 나타난다. 그의 이름은 안은영. 다른 사람들의 눈에는 보이지 않지만 세상의 위협이 되는 젤리들을 처치하는 운명을 타고났다. 〈보건교사 안은영〉은 지난 2015년 발간된 정세랑 작가의 동명 소설을 6부작 드라마로 옮긴 넷플릭스 오리지널 시리즈다. 처음 보면 낯설지만 결국엔 빠져들 수밖에 없는 마성의 히어로. 〈보건교사 안은영〉의 매력은 환상적인 젤리들처럼 눈에 띈다.

명랑만화와 음울한 괴수물 그리고 히어로 무비 그 사이 어딘가. 〈보건교사 안은영〉이 위치한 지점이다. 여타의 슈퍼히어로들이 지구를 손에 넣으려는 무리들을 상대할 때, 목련고등학교

보건교사 안은영(정유미)은 '젤리'를 상대한다. 이것은 죽은 이들일 때도 있고, 사람들이 뿜어내는 온갖 욕망의 집합체일 때도 있다. 원작에서 정세랑 작가는 젤리의 존재를 이렇게 표현한다.

'그러니까 결국 은영이 보는 것은 일종의 엑토플라즘, 죽고 산 것들이 뿜어내는 미세하고 아직 입증되지 않은 입자들의 응집체다.'

〈보건교사 안은영〉은 독자들의 상상 영역에만 존재하던 젤리의 세계를 형상화해 눈앞에 펼쳐낸다. 하늘에서 쏟아지는 형형색색의 하트, 꼬물거리며 학교 바닥과 벽을 기어 다니는 무언가, 정신이 혼미해진 학생들을 집어삼키려는 흉측한 형상의 머리 등등. 영상은 안은영의 눈에만 보이던 소설 속 젤리의 이미지들을 시청자들과 공유한다. 현실과 환상에 각각 한 발씩 걸치고 선 채 다부지게 플라스틱 봉을 휘두르는 안은영의 전투는 젤리 덕에 기묘하고도 다채롭다.

학교를 위험으로부터 구해내는 주체가 젊은 여성 보건교사라는 점은 이 작품의 정수다. 원작에서도 잠시 언급되듯, 안은영은 이름의 발음과 소탈한 성격 탓에 친구들에게 '아는 형'이라 불린다. 여성성을 돌려 비꼬는 듯한 별명을 장착한 이 캐릭터는 드라마 안에서 마땅한 상황에 거침없는 욕설로 자신의 기분을 표현하고, 플라스틱 장난감 칼과 총을 휘두르며 학교를 누빈다.

안은영은 남성 히어로 사이에서 구색을 맞추기 위해 탄생한 홍일점이 아니다. 타고난 팔자에 울분을 느끼면서도 끝내 운명을 받아들이고 자신만의 방식으로 성장하는 히어로다.

은영과 같은 능력을 지녔지만 다른 꿍꿍이를 숨긴 원어민 교사 매켄지(유태오)는 개인적 이득 없이 사명감만으로 학교를 지키려는 은영을 비웃는다. 가난하다는 이유로 아이들에게 괴롭힘을 당하는 학생 지형(권영찬)을 매켄지가 이용하려는 사이, 은영은 수백 년을 반복해서 태어나며 옴벌레 젤리를 삼키는 '옴잡이'로 살아가는 전학생 혜민(송희준)을 돕고 싶어 한다. 이미 죽은 존재인 줄 모르고 어릴 때 만난 첫 친구 정현(이해온)을 여전히 보살피고, 안타까운 사고로 죽은 옛 친구 강선(최준영)이 세상에서 흩어져 사라지는 마지막 순간을 어떻게든 붙잡고 싶어 하는 측은지심의 히어로가 바로 안은영이다.

극 중에서 그는 의료용 더미를 짊어지고 각 학급을 돈다. 표면적으로는 응급처치 교육에 필요한 수업 도구를 들쳐 멘 모습이지만, 실은 눈에 보이는 것들을 모른 척할 수 없어 주변을 꾸역꾸역 챙기는 이들의 단면이기도 하다. 그렇게 〈보건교사 안은영〉은 세상에서 타인을 위해 그 귀찮은 수고로움을 기꺼이 담당하는 히어로들의 뒷모습을 이야기한다.

"(운명을) 피할 수 없으면 당해야지."

✧

—

〈보건교사 안은영〉은
세상에서 타인을 위해
귀찮은 수고로움을
기꺼이 담당하는 히어로들의
뒷모습을 이야기한다.
"(운명을) 피할 수 없으면
당해야지."

안은영의 다짐에는 적당한 피로감과 덤덤한 각오가 뒤섞여 있다.

안은영이 활약하는 사이 한문 선생 홍인표(남주혁)는 훌륭한 조력자로 소임을 다한다. 그는 좋은 기운과 타고난 보호막을 가진 덕에 필요할 때마다 은영의 능력치를 채워주는 일종의 '보조 충전기' 역할을 담당한다. 여성 히어로와 남성 조력자. 이 같은 성 역할의 전복이 만들어내는 은근한 쾌감은 〈보건교사 안은영〉을 내내 지탱한다.

물론 그것만이 둘 사이를 설명하는 전부는 아니다. 인표는 불의의 사고로 한쪽 다리를 저는 인물이다. 그는 다리에 부착한 보조기구를 가리기 위해 통 넓은 바지만 입는다. 남들이 보지 못하는 것을 본다는 점에서, 남들과 조금 다르다는 점에서, 외로움과 불편한 시선들을 감수해야 하는 은영과 인표는 다른 듯 닮아 있다. 그런 두 사람이 손을 맞잡을 때 은영의 능력은 그 어느 때보다 강해진다. 세상이 별종이나 불완전한 존재로 치부해버리는 두 사람의 연결이 만들어내는 건강하고 온전한 힘. 〈보건교사 안은영〉의 세계에서는 결국 그것이 사람들을 구해내는 무기가 된다.

이경미 감독의 개성은 원작의 힘에 잠식당하지 않는다. 소설의 세계관을 함축적으로 추리면서도 이것이 영상 언어로 표현되는 작품임을 잊지 않은 연출이다. 원작이 텍스트로 세세하게 설명하는 방식이라면, 이경미 감독의 연출은 친절한 대사 풀이 전개 대신 장면 하나하나의 밀도를 높이는 식이다. 때문에 매 장면은 반복해 볼 때마다 새로운 의미를 발생한다. 세상에 순응하며 친절하게 미소 짓는 대신 뾰족하게 튀어나온 못처럼 자신의 존재감을 드러내는 은영의 모습은 감독의 전작 〈미쓰 홍당무〉(2008) 속 미숙(공효진), 〈비밀은 없다〉(2015) 속 연홍(손예진) 같은 여자들과 어깨를 나란히 한다. 만화 같은 개성의 캐릭터를 맞춤옷처럼 표현해낸 배우 정유미의 남다른 소화력 역시 안은영의 캐릭터를 빛낸다.

첫 번째 시즌의 6부작은 '안은영 비긴즈'로 보는 것이 맞을 듯하다. 원작에는 없는 설정과 이야기들이 모두 봉합되지 않고 무수한 궁금증을 남긴 채 마무리됐기 때문이다. 침술원을 운영하는 은영의 지인 화수(문소리), 원작에는 없었거나 중요성이 미미했던 단체인 '안전한 행복'과 '일광소독'의 정체 역시 미궁에 있다. 다정한 오지랖을 장착한 새롭고 신기한 히어로, 보건교사 안은영의 진짜 활약은 아직 시작되지도 않았다. 세상엔 이런 영웅도 있는 것이다.

기괴하고 음울해서 매력적인 수요일의 아이

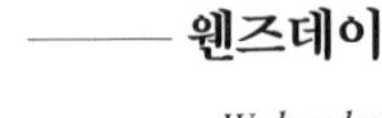

Wednesday

웬즈데이, 즉 수요일이라는 이름을 가진 소녀가 있다. 그의 어머니가 영국 민요인 '마더 구스'의 가사에서 따온 이름이다. "수요일에 태어난 아이는 슬픔이 많다(Wednesday's child is full of woe)." 아이에게 우울한 이름을 지어주고 더없이 기뻐하는 부모 밑에서 태어난 딸은 음침한 얼굴에, 공포와 어둠에 뿌리를 둔 고딕 문화를 대변하는 고스(goth) 차림을 고수하며, 남들을 비꼬는 재주가 탁월한 소녀로 자란다. 넷플릭스 오리지널 시리즈 〈웬즈데이〉는 별종들을 모아놓은 학교 안에서도 손꼽히는 별종인 웬즈데이 아담스(제나 오르테가)를 둘러싼 판타지 드라마다.

'아담스'라는 성에서 익숙함을 감지했다면 정확하다. 〈웬즈데이〉는 〈아담스 패밀리〉의 스핀오프(spin-off, 오리지널로부터 새롭게 파생된 작품)다. 전형적인 미국의 가족상을 고딕 호러풍에

버무려 만든 이 시리즈는 1930년대 주간지 〈뉴요커〉의 연재만화로 시작해 1960년대 TV 시리즈, 1990년대 극장용 영화 세 편, 2000년대에는 3D 애니메이션으로 나왔다. 웬즈데이는 이 집안의 딸. 가지런하게 땋아 내린 양갈래 머리와 음침한 분위기, 무표정과 독설 그리고 기괴한 장난으로 일관하는 캐릭터였던 그가 이번 시리즈의 주인공이다.

8부작 드라마의 배경은 네버모어 아카데미. 청소년이 된 웬즈데이가 전학 온 곳이다. 과거 아빠 고메즈(루이스 구스만)와 엄마 모티시아(캐서린 지타존스)가 다녔던 학교이기도 하다. 웬즈데이는 이전 학교에서 남동생 퍽슬리(이삭 오도네즈)를 괴롭힌 소년들에게 복수하기 위해 수영장에 피라냐 떼를 풀어버리는 방식의 복수를 자행한 덕에 쫓겨났다. 모두가 경악했지만 정작 "그 애는 고환 하나를 잃었을 뿐"이라고 응수하는 웬즈데이의 무표정에는 변화가 없다.

네버모어는 뱀파이어(Fangs), 늑대 인간(Furs), 고르곤(Stoners), 사이렌(Scales) 등 별종들이 다니는 학교다. 지역 사회인 제리코 사람들은 네버모어 학생들의 존재를 꺼림칙하게 여기면서도 그들과 공생 관계를 유지하고 있다. 문제는 얼마 전부터 마을 사람들이 알 수 없는 존재로부터 끔찍하게 살해당하는 일이 연쇄적으로 벌어지고 있다는 것. 사건과 자꾸만 얽히던 웬즈데이는 범인을 추적하는 과정에서 자신의 부모와 학교, 제리코 마을의 과거가 복잡하게 엮여 있다는 사실을 알게 된다. 나아가 결국 자신의 근원과 닿은 무언가가 있다는 것도.

방영 전 시리즈를 기대하게 만든 이름은 단연 팀 버튼 감독이다. 〈비틀 쥬스〉(1988), 〈가위손〉(1991) 등의 초기작부터 최근작 〈미스 페레그린과 이상한 아이들의 집〉(2016), 〈덤보〉(2019)에 이르기까지 괴짜 아웃사이더들의 세계를 그리는 데 필모그래피의 가장 많은 부분을 할애해온 그는 이 시리즈의 더할 나위 없는 적임자다. 8부작 중 팀 버튼이 메가폰을 잡고 연출한 초반 4화는 기발한 상상력과 어둠을 조합한 세계관을 보여준 〈유령 신부〉(2005), 〈프랑켄위니〉(2012) 등의 기존 연출작 분위기를 고스란히 재연한다. '이상한 나라의 웬즈데이'는 그렇게 독하고 음산한 별종들의 세계 속 매력적인 안내자로 소개된다. 주인공이 돼지 피를 뒤집어쓰는 〈캐리〉(1976)의 명장면 패러디, 발코니에서 음산한 첼로 연주를 신들린 듯 선보이는 웬즈데이의 모습처럼 인상적인 순간도 여럿 나온다.

〈웬즈데이〉는 슈퍼맨 시리즈의 스핀오프 〈스몰빌〉 시리즈를 성공시킨 제작자 알프레드 고프와 마일즈 밀러 콤비가 다시 한번 손을 잡은 작품이기도 하다. 〈스몰빌〉에 이어 이 작품은 과거의 유산을 부활시켜야 할 때 참고할 만한 하나의 성공적인 이정표가 될 만하다. 1990년대 실사영화에서 웬즈데이 역할을 맡았던 크리스티나 리치를 네버모어의 기숙사 사감이자 식물학 교사로 캐스팅하거나, 아담스 패밀리가 음악에 맞춰 손가락을 두 번 튕기는 동작이 인상적이었던 TV 시리즈 오프닝을 패러디해 웬즈데이가 비밀 장소로 들어서기 위한 중요 암호로 사용하는 것은 기존 작품의 팬들을 위한 기분 좋은 배려다. 하지만 역시 중요한 건, 결국 캐릭터가 새로운 시대와 어떻게 조응하게 만들었는지다.

〈해리 포터〉 시리즈의 세계관에 〈크루엘라〉(2021) 같은 못된 여자의 서사를 뒤섞은 듯한 〈웬즈데이〉가 자기중심적이라 불릴 만한 성격의 외톨이, 마녀의 후손이라는 별종 기질을 타고난 주인공을 중심으로 보여주고자 하는 건 분명하다. 그건 타인의 무례함에 맞서며 자기만의 방식으로 자신의 세계를 지키는 모습이다. 이 시리즈는 포용과 사랑만이 부조리한 세상을 이해하는 무조건적인 가치라는 데 솔직한 반기를 든다.

어린 시절 다른 아이들의 괴롭힘으로 애완 전갈이 무참히 죽었을 때, 우는 것은 상황을 원하는 대로 바꾸거나 해결하는 데 아무런 도움이 되지 않는다는 사실을 깨달은 웬즈데이는 그 이후 단 한 번도 울지 않았다고 고백한다. 동시에 웃지도 않는 아이가 된 웬즈데이는 무도회에서 관능적인 움직임 대신 관절이

웬즈데이는 사건을
해결하는 탐정이자 미지의
세계를 탐험하는 모험가,
혐오와 차별의 위협에
맞설 줄 아는
'다크 히어로'다.

꺾이는 듯한 해괴한 춤을 선보이고, "인스타그램 흑백 필터를 입힌 듯" 오로지 모노톤의 고스 의상만 고집하는 어딘가 뒤틀린 10대다.

동시에 웬즈데이는 사건을 해결하는 탐정이자 미지의 세계를 탐험하는 모험가, 혐오와 차별의 위협에 맞설 줄 아는 '다크히어로'다. 그는 "타인이 (자신을) 규정하게 두지 않는" 법을 배워가는 중이며, 그건 성장하는 존재가 지녀야 할 중요한 태도다. 비관적이기만 했던 웬즈데이가 서서히 세상과 소통하는 방식을 배워가는 과정은 성장 드라마로서의 미덕이기도 하다.

웬즈데이를 비롯한 매력적인 캐릭터들은 이 판타지 세계관을 더욱 탄탄하게 견인한다. 그중에서도 잘린 손 모양의 수행비서 씽은 등장 때마다 시선을 붙잡아두는 신스틸러다. 화면에는 손가락만 보이지만, 루마니아의 핸드트릭 마술사가 손 연기를 펼친 뒤 CG를 입혀 완성했다. 이 어둠의 시리즈에서는 조력자마저 말이 없다.

전도연의, 전도연에 의한, 전도연을 위한

——— 길복순

전설적 킬러에게 사춘기 딸이 있다면 어떤 일이 벌어질까. 일과 가정 사이의 머나먼 간극에 선 킬러에게 주어진 비극은, 일에는 계약 기간이 있어도 엄마 역할에는 기한 종료가 없다는 사실이다.

〈길복순〉은 첫 장면부터 '죽이는' 인물의 정체성을 가감 없이 드러낸다. 일본 야쿠자 두목 오다 신이치로(황정민)를 상대하는 길복순(전도연)에게서는 여유와 재치마저 엿보인다. 허세 어린 말을 늘어놓느라 바쁜 사람의 숨통을 단숨에 끊어버리는 길복순의 동작에는 낭비라곤 없다. 앞으로 벌어질 모든 경우의 수까지 머릿속으로 미리 시뮬레이션을 한 뒤 몸을 움직이는 길복순의 방식은, 그가 얼마나 정교하게 일하는 '프로'인지를 보여준다.

"마트 문 닫을 시간이라."

방금 사람을 죽인 자의 대사 치고는 산뜻하기까지 하다.

제목부터 쿠엔틴 타란티노의 〈킬 빌〉 시리즈를 연상케 하는 〈길복순(Kill Boksoon)〉은 작품의 세계관이나 스타일에 있어서 모든 것을 오직 독창성으로 승부하고자 하는 과욕을 부리지는 않는다. 오히려 모든 레퍼런스를 성실하게 흡수한 뒤 특색 있는 재해석의 결과물을 내놓은 것에 가깝다. 청부살인업체가 일반적 사업체로 운영되는 세계관, 일과 가정 사이에서 중심을 잡으려는 킬러의 고뇌 등에서는 〈존 윅〉 시리즈와 영국 드라마 〈킬링 이브〉 등의 줄기를 이식했다는 것이 어렵지 않게 감지된다.

청부살인업체 업계의 파워 브랜드인 MK에서도 길복순은 A급 임무만 맡는 에이스다. 회사의 대표 차민규(설경구)가 일찍이 자질을 알아보고 키워낸 선수 중의 선수다. 이 회사는 몇 년 전 무직자 및 아마추어 킬러들의 작업과 분명히 구분 짓기 위해 세 가지 규칙을 만들어 업계에 제시했다. 첫째, 미성년자는 죽이지 말 것. 둘째, 회사가 허가한 작품만 할 것. 셋째, 회사가 허가한 작품은 반드시 '트라이'할 것.

일에서는 더없는 프로지만, 엄마 길복순은 딴판이다. 한창 사춘기를 통과하고 있는 딸 재영(김시아)과 불통 상태인 지는 이미 오래다. "이벤트 업체 다닌다"는 거짓말로 정체를 숨기는 엄마와, 지키고 싶은 비밀 때문에 학교에서 일어난 일을 차마 고백할 수 없는 딸 사이에는 좁히지 못할 거리만 커져간다. 재계약을 앞

두고 고심이 짙어지던 길복순은 부여받은 미션 하나를 실패한다. 나름의 윤리적 판단에 따른 자발적 실패다. 이 일로 그를 눈엣가시처럼 여기던 MK의 이사 차민희(이솜), 회사의 만년 2인자이자 복순의 밀회 상대인 한희성(구교환), 대표 차민규는 물론이고 업계의 킬러들이 각자의 이익을 위해 복순을 표적으로 삼는 상황이 펼쳐진다.

전도연은 단순히 〈길복순〉의 주연 배우가 아니다. 그보다는 작품 자체가 전도연이라는 사람의 요체라는 표현이 옳을 것이다. 이 영화의 주요 설정과 극본은 변성현 감독이 전도연과 작품을 찍기로 한 뒤, 두 사람의 대화와 감독의 관찰을 거쳐 탄생한 것으로 알려졌다. 전도연은 실제로 극 중 재영 또래의 딸을 둔 엄마이기도 하다. 길복순의 직업인 킬러를 배우로 치환해 바라볼 때 〈길복순〉은 비로소 제대로 흥미로워지는 지점이 있다. 업계에서 커리어로 자신만의 역사를 충실하게 쌓아온 배우 전도연이 킬러 길복순을 부르는 말마따나 '살아 있는 전설'이기에 가능한 영화이기도 하다.

청부살인에는 굳이 '작품'이라는 표현이 붙고, 킬러들은 회사와 계약 관계를 맺은 존재로 등장한다. 끊임없이 치고 올라오는 후배들 사이에서도 품위를 지키고 실력을 유지하는 프로의 태도를 갖춰야 하는 길복순의 고뇌는 실제 전도연의 그것과 공명할 것이다. 킬러라는 직업은 애초에 타인을 죽이는 자가 사람을 기르고 보살펴야 하는 엄마의 역할을 수행해야 한다는 아이러니로부터 탄생한 설정이겠지만, 어떻게 보면 기가 막히게 훌륭한 배우의 작업을 목격했을 때 시쳇말로 '죽이는 연기'라 표현하는 것과도 무관하지 않을 것이다. 길복순이 깔끔한 솜씨로 사람을 죽이듯, 전도연은 지금껏 관객을 연기로 죽여왔다. 한 배우의 커리어와 인생이 영화가 될 수 있다는 것. 그리고 그에겐 그만한 가치가 있다는 헌정의 태도. 장르적 외피와 스타일을 모두 걷어낸 〈길복순〉의 알맹이다.

불륜의 진짜 맛

——— **LTNS**

불륜만큼 닳고 닳은 소재가 또 있을까. 그런데 또 이만큼 매번 자극적으로 재미있는 소재도 드물다. 티빙 오리지널 〈LTNS〉는 불륜 커플의 불순한 작태를 치밀하게 쫓는 부부 우진(이솜)과 사무엘(안재홍)의 추적을 중심에 둔다. 'Long Time No Sex'를 줄인 제목이 말해주듯 이미 소원해진 부부는 관계의 활력을 되찾을 수 있을 것인가. 〈소공녀〉(2018) 전고운 감독, 〈윤희에게〉(2019) 임대형 감독이 '프리티빅브라더'라는 범상치 않은 팀명으로 의기투합해 공동 각본과 연출을 맡았다. 표현 수위도, 대사도, 연출도 모든 것이 상상 그 이상이다. 시청 시 '후방주의'가 필수인 이 6부작 시리즈의 매운맛은 예상보다 깊고 풍성하다.

여느 커플이 그렇듯 우진과 사무엘의 시작 역시 불타올랐다. 그러나 결혼 생활 5년 차, 눈만 마주쳐도 속옷부터 벗어젖히기

바빴던 이들에게서 고물가 시대의 은행 대출 이자와 남는 건 피로뿐인 하루하루는 섹스를 깨끗이 앗아갔다. 밖에서 종일 택시를 모는 사무엘이 커피 한잔 사 마시는 것에도 예민할 만큼 빠듯한 살림인데 설상가상 자연재해까지 덮쳤다. 운전기사의 차가 폭우에 침수되면 어쩌란 말인가. 돌파구 없던 부부에게 한 줄기 빛이 되어준 것은 '불륜은 돈이 된다'는 깨달음이다.

사무엘의 친구 정수(이학주)의 불륜 사실을 알게 된 우진은 도의적 차원에서 그의 아내에게 알리겠다고 경고한다. 이때 정수가 돈으로 입막음을 한 것이 결정적이다. 통장에 3천만 원이 찍히는 순간, 호텔리어로 일하며 목격한 수많은 불륜 커플의 블랙리스트를 손에 쥐고 있던 우진에게는 전에 없던 시동이 걸린다. 불륜 커플을 협박해 돈을 뜯어내는 것. 매일같이 볶음김치에 쌀밥만 간신히 먹는 곤궁한 생활을 청산할 묘책이다.

"넌 내가 미친놈으로 보이는구나? 그래, 그럴 수 있지. 근데 사랑이 두 개일 수가 있어. 명심해라. 사랑은 두 개까지야. 세 개부터는 사랑이 아니야."

사연 없는 불륜은 없다. 정수의 정성스러운 헛소리를 시작으로 우진과 사무엘은 수많은 불륜 커플의 사정을 보고 듣는다. 불륜 사실 폭로 예고 앞에서 사람들이 보이는 반응은 저마다 조금씩 다르지만, 결과적으로 다들 비루하다는 공통점으로 수렴한다. 요구대로 돈을 내놓거나 각자의 사정대로 통사정을 하거나.

당사자들만이 사랑임을 주장하는 온갖 불륜의 면면은 시리즈의 중반부까지 야릇한 흥미와 관음적 재미를 견인하며 펼쳐진다. 대사와 상황 모두 고점이 어디인지 모를 정도로 수위가 높아지는 가운데, 어느덧 슬슬 감도는 씁쓸함은 모든 인물이 하나같이 치졸하다는 데서 나온다. 하우스 푸어 커플이 어딘가 어설픈 추적으로 생활비 벌기에 여념 없는 한편, 호텔에서는 어떻게든 숙박비를 깎으려 애쓰는 불륜 커플의 눈물겨운 노력이 이어진다. 높은 이율로 사람들을 꼬드기는 저축은행 직원 불륜 커플은 점심시간을 쪼개 주차장에 세워둔 차 안에서 햄버거를 입에 문 채 비좁고 불편한 섹스를 감수한다. 등산하다 눈이 맞은 나이 지긋한 이들은 생애 처음 찾아온 로맨스로 자신들의 관계를 포장하지만 이러나저러나 불륜일 뿐이다. 시도 때도 없이 어복쟁반을 요구하는 시부모의 전화를 받자마자 불륜 상대를 밀쳐내고 조신한 며느리 모드로 다시 돌입하는 사람도 있다. 불륜은 미화될 수 없다.

그렇다면 우진과 사무엘 커플은 응원받아 마땅한가. 타인의 약점을 이용해 돈을 뜯어내는 이들도 치졸하긴 마찬가지다. 우진과 사무엘은 로빈 후드 같은 의적이 아니다. "남들 뒤꽁무니나 캐는 선생 인생도 참 딱하다"는 소리나 듣는 처지다. 그렇게 번

돈이 부부의 인생을 역전시켜 주는 것도 아니다. 기껏해야 대출 이자에 보태고 가족 모임에서 생색 좀 내는 데 쓰이거나, 밥상에 단백질 반찬 하나 더 올리고 무더위에 에어컨을 마음 편하게 트는 정도에 그친다. 〈LTNS〉에서 펼쳐지는 19금 추적 소동은 단순히 자극을 좇는 설정만은 아니다. 짐짓 다들 별일 없이 사는 것처럼 보이지만 그 정상성 너머에는 과연 무엇이 있는가. 무엇이 우리를 끝없이 곤궁하고 치졸한 삶으로 몰아넣는가. 이 시리즈의 불륜은 삶의 이면을 보게 한다.

'생활 밀착형'은 여느 작품에도 흔하게 붙는 말이지만 〈LTNS〉야말로 진정 그 수식을 가질 자격이 있다. 현실적 섹스와 애정과 결혼이라는 3요소가 복잡하게 얽히며 발생하는 관계의 그래프, 현실의 젊은 세대가 마주하는 돈 문제는 불륜의 포장지로 싸인 이 시리즈를 추동하는 진짜 핵심이다. 우진과 사무엘의 결혼은 단순히 극의 배경이 아니라 현실 그 자체다. 애초에 이들의 작전이 시작된 것은 영혼까지 끌어 모아 구입했지만 1억 5천만 원이나 뚝 떨어진 집값의 충격 때문이었다.

대출 이자 내기에도 빠듯한 살림에 아이를 낳고 기르는 건 언감생심이다. 설령 낳아도 답이 없다는 것은 우진의 언니 정아(강진아)의 상황이 말해준다. 피아노에 천재적 재능을 보이는 자식을 제대로 뒷바라지하려면 각 티슈 뽑아 쓰듯 돈이 필요할 것이

현실적 섹스와 애정과
결혼이라는 3요소가
복잡하게 얽히며 발생하는
관계의 그래프,
현실의 젊은 세대가
마주하는 돈 문제는
불륜의 포장지로 싸인
이 시리즈를 추동하는
진짜 핵심이다.

빤하다. 콩쿠르에서 딸이 제발 또 우승하지 않기를 바라며 "난 재가 너무 징그러워"라고 말하는 심정은 언뜻 양육자의 냉정하고 무책임한 발언으로 들리지만, 생각해볼수록 다분히 현실적이다. 돈도, 아이도, 섹스도 이미 없으며 앞으로 무엇을 더 포기해야 하는지도 모르는 채 끝도 없이 행복을 유예하는 젊은 세대의 비극적 삶은 이렇게 완성된다. 현실에 기반한 풍경에서 발생하는 강력한 공감은, 비도덕적인 방식으로 돈을 버는 커플을 바라보는 복잡한 심경의 크기를 점차 넘어선다.

각기 다른 불륜 커플들의 면면이 계속해서 소개되는 구성인가 싶었던 시리즈는 5화, 정확하게는 의문의 여성에게 전화를 거는 사무엘의 모습이 담긴 4화의 마지막 장면을 기점으로 놀라운 변화를 맞는다. 매일 뜨거운 불륜 커플을 쫓으며 부부관계 회복을 위한 노력에 시동을 거는 듯 보였던 우진과 사무엘의 행동 패턴은 예상치 못한 급커브를 그린다. 둘은 자신들의 결혼 생활이 진정 중요한 맥락을 잃어버린 채 관계를 유지하기 위한 거짓말로 간신히 유지되고 있었다는 것을 깨닫는다. 부부에게 변곡점이 됐던 2년 전 어느 날로 돌아가 모든 것이 폭발하는 싸움, 끓어오르는 분노를 기반으로 하는 추격전까지 폭우처럼 한꺼번에 쏟아지는 마지막 화의 풍경은 점입가경이다. 귀엽고 경쾌한 분위기가 무기일 줄 알았던 〈LTNS〉는 그렇게 사랑이라는 허상,

결혼이라는 허들, 관계라는 모래성을 향해 무시무시한 에너지로 돌진한다.

젊은 두 감독이 의기투합해 만든 신선한 시리즈를 더욱 값진 결과물로 완성한 것은 배우들의 힘이다. 〈소공녀〉, 안재홍이 연출한 단편 〈울렁울렁 울렁대는 가슴안고〉(2020)에 이어 세 번째로 커플 연기를 선보인 이솜과 안재홍의 기세는 놀라울 정도다. 이미 성실하게 연기 생활을 이어오며 차근차근 주목도를 높인 대세 배우들이지만, 앞으로 더 많은 찬사와 기회가 주어지기에 부족함이 없다. 매 회차 등장하는 불륜 커플을 연기하는 배우들의 면면도 매력이 넘친다. 흔한 소재에 새로운 시각을 더할 줄 아는 창의력은 생각보다 많은 것을 가능케 한다.

SF 블록버스터의 새로운 바이블

——— 듄 시리즈

Dune, Dune: Part Two

시대를 초월해 반복 소환되고 새로운 해석을 얻는 것은 원형적 서사만의 특권이다. 절대자의 탄생과 성장 그리고 구원의 의미를 철학적으로 풀어낸 〈듄〉은 그 운명 위에 있는 작품이다. 전 우주를 구원할 메시아로 예언된 폴 아트레이데스(티모시 샬라메)를 중심으로 정치, 종교 등 인류의 삶과 밀접한 모든 것을 총망라한 1965년 원작이 지금까지도 SF의 바이블이라 불리는 이유다. 전 세계에서 2000만 부 이상 팔린 이 베스트셀러는 〈스타워즈〉 시리즈, HBO 시리즈 〈왕좌의 게임〉, 게임 '스타 크래프트' 등에 이르기까지 대중문화에 방대한 영향을 미쳤다.

1980년 데이비드 린치 감독의 버전을 지나 2021년, 캐나다 출신 감독 드니 빌뇌브의 세계로 야심 찬 새 시작을 알린 〈듄〉의 첫 번째 파트는 코로나19 팬데믹 기간의 한복판에서도 전 세계

박스오피스 4억 달러 이상의 수입을 올리며 대작의 탄생을 알렸다. 그리고 마침내 두 번째 파트까지 나아갔다. 전편이 원작의 세계관을 대하는 드니 빌뇌브 감독의 근사한 비전을 소개하는 차원이었다면, 3년 만에 속편으로 돌아온 〈듄: 파트 2〉는 걸작 블록버스터의 궤도에 공고히 안착하는 성취를 이룬다. 가히 새로운 바이블이라 할 만하다.

시대 배경은 황제가 통치하는 우주 제국사회가 건설된 이후인 AG 10191년이다. 황제의 명을 받는 귀족 가문 연합은 우주 개발과 각 행성의 통치를 담당한다. 파트 1에서 폴의 가문인 아트레이데스는 우주에서 가장 신성한 환각 물질인 '스파이스'의 유일한 생산지인 아라키스로 왔다. 모래 언덕을 뜻하는 '듄'이라 불리는 사막 행성이다. 그러나 평화도 잠시, 스파이스를 둘러싼 경쟁 가문인 하코넨이 기습적인 전쟁을 선포하면서 폴은 공작인 아버지 레토(오스카 아이삭) 그리고 가문의 전사들을 잃었다. 여성 초능력 집단 '베네 게세리트'의 사제인 어머니 레이디 제시카(레베가 퍼거슨)와 간신히 탈출한 폴은 이후 땅의 신성함을 믿는 원주민 종족 프레멘과 조우한다. 그곳에는 폴의 꿈에 날마다 계시처럼 나타났던 챠니(젠데이아)도 있다.

〈듄〉 시리즈는 핵심 줄기는 초월적인 절대자 폴의 성장이다. 유약한 소년이었던 그가 두려움을 딛고 자신의 운명을 조금씩

✧

—

각성하기 시작하는 것이 파트 1의 뼈대였다면, 파트 2는 폴이 어떻게 절대자의 길을 걷기 시작하는지를 그린다. 폴은 프레멘 전사와의 결투에서 정정당당하게 승리한 뒤 서서히 종족의 일원으로 받아들여진다. 그들의 방식대로 사막을 배우고, 나아가 다스리고 조화를 이루는 법을 익힌다. 챠니와의 사랑 역시 깊어진다. 이윽고 프레멘은 그에게 뿌리라는 뜻을 지닌 이름인 '우슬'을, 폴 스스로는 사막 쥐의 이름을 따 '무앗딥'이라는 이름을 붙인다. 사막에서 북극성을 가리키며 길을 파악하는 자라는 뜻을 담은 무앗딥의 존재는 폴의 새로운 분신이다. 전사이자 지도자로서의 그의 명성은 아라키스의 북쪽을 손에 넣은 하코넨 가문과 황제에게까지 금세 퍼진다.

한편 폴의 동생이자 레토와의 사이에서 얻은 두 번째 아이를 임신 중인 레이디 제시카는 프레멘의 정신적 지도자인 대모 자리에 새롭게 앉는다. 예언으로 전해져오는 절대자 '리산 알 가입'이 바로 폴이라는 믿음이 프레멘 내부에서 점차 굳건해지는 사이, 레이디 제시카는 여전히 폴을 믿지 않는 자들을 포섭하고 회유하는 일종의 포교 활동에 나선다. 폴이 자신의 가문을 몰락시킨 이들에게 반격을 준비하는 동안, 인류의 전지적 메시아가 될 '퀴사츠 헤더락'의 탄생을 목적으로 움직이는 집단인 베네 게세리트의 감춰졌던 음모 역시 서서히 드러난다.

파트 2에는 새롭게 등장하는 주요 인물들이 있다. 대표적인 이는 하코넨 가문의 전사 페이드 로타(오스틴 버틀러)다. 감독의 전언에 따르면 '사이코패스 살인자'이자 검술의 대가, 뱀과 팝스타 믹 재거의 이미지를 혼합한 결과다. 하코넨 남작(스텔란 스카스가드)이 후계자로 지목한 그는 어떠한 가책도 없이 핏줄의 숨통을 끊어놓을 정도로 잔혹하고 교활하다. 아라키스의 새로운 통치자를 노리는 그는 폴과의 대결을 고대한다. 황제의 딸 이룰란(플로렌스 퓨)도 처음 등장한다. 원작 소설은 매 챕터의 시작 부분에 누군가가 쓴 회고록을 발췌하는 형식을 취하는데, 이 기록을 남기는 이가 바로 이룰란 공주다. 폴을 사이에 두고 챠니와 얽히는 인물로, 이후 비중이 더 중요해질 캐릭터다. 태중에서부터 어머니인 레이디 제시카와 대화를 할 수 있는 능력을 타고난 폴의 동생도 마찬가지다.

이 시리즈는 압도적인 스케일의 영상을 보여준다. 사방을 둘러봐도 모래뿐인 사막은 이 영화에서 경외의 대상이다. 프레멘어로 '사막의 노인'이라는 뜻을 지닌 샤이 훌루드, 400m까지 자라나는 이 거대한 모래벌레가 언제든 출몰하는 거대한 사막은 등장인물들에게 기회와 죽음을 동시에 선사하는 공간이다. 파트 1의 사막이 막막함 가운데 생명의 가능성을 엿보게 하는 공간이었다면, 파트 2에서는 폴과 온전히 맞붙은 하나의 캐릭터로 기능하는 인상이다. 무앗딥이라는 새로운 이름을 얻은 폴이 프레멘처럼 사막을 정복하게 되면서 펼쳐지는 액션은 경외감을 안긴다. 특히 무앗딥의 친위부대인 페다이킨이 황제의 거처를 급습할 때 샤이 훌루드를 타고 전진하는 전투 신 묘사가 압권이다.

페이드 로타의 캐릭터를 소개하는 대목의 톤 앤 매너는 180도 다르다. 과거 로마의 원형 경기장을 떠올리게 하는 공간, 흑과 백만 존재하는 듯한 세계에서 잔악함을 숨김없이 드러내며 처음으로 등장하는 그는 죽음 그 자체다. "액션이 훨씬 늘어서 전편보다 강인한 인상을 주는 영화"라는 드니 빌뇌브 감독의 자신감이 허투루 들리지 않는다. 빛과 어둠, 사운드 같은 영화의 본질적 요소를 섬세하게 다루며 시네마틱한 체험의 즐거움을 여실히 목격하게 하던 전편의 장점은 그대로다. 방대한 내용을 담다 보니 후반부 리듬이 조금 급하게 느껴지는 감은 있지만, 규모의 위용이 더해진 파트 2는 두려울 정도로 거대한 아름다움이다.

범접하기 어려운 시간 배경을 크게 의식하지 않는다면 시대성을 가뿐히 초월하는 작품이기도 하다. 제국주의의 익숙한 정치사회적 배경이 두드러지는 가운데, 폴의 성장 역시 어둠의 측면이 훨씬 강조된다. 폴의 강력한 예지력은 선물인 동시에 자유의지를 박탈당하는 저주이기도 하다. 그는 자신의 결정으로 수

많은 사람들을 죽음으로 몰아넣는 근미래의 환영에 시달린다. 폴은 영웅인 동시에 카리스마 넘치는 지도자를 향한 광신주의, 계획된 선전에 불과한 종교와 정치가 결탁했을 때 어떤 위험이 도래할 수 있는지를 경고하는 존재다. 그는 자신이 죽어도 순교자로 추앙받을 것이며, 이긴다면 무적의 절대자라는 신앙을 공고히 할 것이라는 사실 사이에서 방황한다. 일찍이 원작자 프랭크 허버트는 "초인은 인류에게 재앙"이라는 믿음을 가졌고, 드니 빌뇌브는 그에 충실한 영화를 만들고자 했다.

결과적으로 〈듄〉 시리즈는 과거 인류가 초래했던 제국주의의 은유적 초상이 되는 동시에, 우리가 맞이하게 될지 모를 미래의 한 조각을 제시하려는 목적을 향해 나아간다. 드니 빌뇌브는 이미 세 번째 영화의 각본을 준비하는 것으로 알려졌다. 이 장엄한 시리즈가 두 번째 이야기로 끝이 아니라는 것은 일단 환호할 일이며, 세 번째 이야기가 폴 무앗딥을 둘러싼 새로운 위험과 몰락을 그리는 원작《듄의 메시아》를 기본으로 할 것이라는 점은 작품의 방향성을 보다 또렷하게 가늠케 한다. 이제 막 두 편을 내놓은 이 시리즈는 세계에 황홀한 모래 바람을 일으킬 거대한 세계관을 선보이는 장대한 시작점에 불과하다.

기이하게 아름다운 크리처의 성장

——가여운 것들

Poor Things

메리 셸리의 소설《프랑켄슈타인》은 존 밀턴의《실낙원》의 인용구로 시작한다.

"제가 청했습니까, 창조주여. 흙으로 나를 인간으로 빚어 달라고? 제가 애원했습니까, 어둠에서 끌어올려 달라고?"

과학자 빅토르 프랑켄슈타인이 창조한 무명의 괴물은 인간의 혐오를 뒤집어쓴 채 한없이 괴로워하다 파국으로 향한다. 만약 그 창조물이 아름다운 외모를 가진 여성이었다면? 세상을 향한 호기심으로 가득한 아이의 지능을 가졌다면? 〈가여운 것들〉의 상상력은 바로 이 토대 위에 세워진다. 이 영화는 찬사와 논란 사이, 표현의 자유와 도덕적 딜레마 사이에 자리한 문제작을 자처하기를 주저하지 않는다.

벨라 벡스터(엠마 스톤)는 천재 과학자 갓윈 벡스터(윌렘 대포)

가 재창조한 인간이다. 여기에서 '재창조'라는 표현은 타당하다. 갓윈은 어떤 사연에서인지 임신한 상태로 다리 위에서 투신한 여성을 우연히 발견하고 집으로 데려왔다. 그리고 여성의 몸에 그가 품고 있던 태아의 뇌를 이식했다. 성인의 육체에 아직 성장이 전혀 이뤄지지 않은 뇌를 이식받은 벨라는 신생아의 성장 과정을 거친다. 조금씩 언어를 배우고, 걸음마를 뗀다. 갓윈이 고용한 보조 맥스 맥캔들리스(라미 유세프)가 그 과정을 낱낱이 기록한다.

갓윈의 보호 아래 성장하던 벨라의 모험은 뜻밖의 경로로 시작된다. 벨라의 아름다운 외모에 반한 바람둥이 변호사 덩컨 웨더번(마크 러팔로)은 함께 세계를 탐험하자는 은밀한 제안을 건넨다. 이미 갓윈의 지시대로 맥스와 결혼을 예정한 상황이었지만, 경험에 목이 말랐던 벨라는 선뜻 덩컨을 따라나선다. 그리고 대륙을 횡단하는 여행 속에서 온통 새로운 것들과 마주하며 놀라운 변화를 맞는다.

〈가여운 것들〉의 원작은 스코틀랜드 작가 앨러스데어 그레이가 1992년 펴낸 동명 소설이다. 소설이 맥캔들리스를 중심으로 벨라 주변 인물들의 회고록 형태를 취한 것에 반해, 영화는 벨라가 옮겨 여행하는 장소를 챕터 제목으로 삼았다. 특정한 화자의 시선과 기록으로 벨라를 서술하는 대신 그를 스스로 택한 여정

속 주인공으로 삼은 구조 변화는 중요하다. 집을 떠난 이후부터 벨라는 통제된 실험 조건에 반응하는 '실험체'가 아니라, 처음으로 마주하는 세계의 모든 것을 직접 선택하고 경험하는 주체다.

소설의 문장을 벗어나 스크린을 유영하는 요르고스 란티모스의 상상력은 고딕과 스팀펑크(19세기 빅토리아 시대의 영국과 유럽을 배경으로 하며, 산업혁명 시기를 다룬 작품 경향)를 결합한 풍성한 판타지로 펼쳐진다. 런던, 리스본, 파리 등 익숙한 지명이 등장하지만 영화의 배경은 빅토리아 시대의 풍경과 미래의 어느 시기가 매력적으로 혼재된 독특한 양식이다. 갓윈의 보호 아래 집 안에만 있던 벨라는 흑백 화면으로 가둬졌지만, 여행을 시작한 이후에는 총천연색 화면 속을 활보한다. 어안렌즈를 활용해 각도를 극단적으로 왜곡한 일부 장면들 역시 현실감을 지워버린 채 오직 벨라의 세계에 몰두하도록 만든다. 화면을 왜곡해 인물들의 세계를 극단적으로 강조하는 것은 감독이 즐겨 쓰는 방식이기도 하다.

이미 성인의 신체를 가졌던 벨라는 육체적 쾌락에 빠르게 눈뜬다. 자위로 즐거움을 경험한 이후 남성과 나누는 "뜨거운 뜀박질"에 무서울 정도로 탐닉한다. 수치심과 죄의식을 전혀 알지 못하고, 부주의하고 파괴적이며, 무엇보다 쾌락을 즐거운 것으로

집을 떠난 이후부터
벨라는 통제된 실험 조건에
반응하는 '실험체'가 아니라,
처음으로 마주하는 세계의
모든 것을 직접 선택하고
경험하는 주체다.

인식하는 여성. 이는 덩컨을 자극하는 면모이기도 하다. 상류사회의 질서로부터 가뿐하게 달아나는 벨라는 선택에 거침이 없으며, 죄의식을 벗어난 쾌락의 추구가 어디까지 가능한지를 보여주는 인물이다. 동시에 그는 삶의 고통과 슬픔 그리고 허무함을 배우기도 한다. 여행에서 벨라가 실존주의적 깨달음을 얻는 과정은 인류의 진보와 닮아 있다. 신체적 쾌락을 향한 욕구는 지적 갈증의 추구로 바뀌어 가고, 타인을 보고 느끼는 공감과 슬픔은 사회 구조의 아이러니를 체득하게 한다.

성적인 즐거움 외에 다른 성장에 있어서 벨라의 상태가 순수한 백지 같기를 원하는 남성들은 이 변화가 당혹스럽다. 그들은 모두 벨라에게 '삶은 이런 것'이라 자신의 방식대로 가르치고자 한다. 밖은 위험하고, 염세와 비관으로 가득 차 있다는 것이다. 갓윈은 벨라에게 성적 욕망을 품진 않지만, 이미 한번 목숨을 끊으려 했던 사람을 자신의 의지와 상관없이 고통 가득한 삶으로 되살릴 순 없다는 "깨달음"을 통해 벨라를 창조했다고 주장한다. 벨라가 자신의 욕구와 의견을 더 명확하게 가질수록, 모두가 벨라를 둘러싼 통제를 정당화한다.

그러나 벨라는 세상을 특정 방식으로 인식하도록 스스로 유도하지 않는 인물이라는 점에서 지금껏 스크린에서 만나온 그 어떤 여성 캐릭터보다 거침없고 자유롭다. 그는 경험을 통한 것만 믿는다. 가부장적 사회 규칙에 길들여지지 않은 벨라는 자신의 섹슈얼리티를 통해 세상을 이해하려 한다. 이 지점에서 벨라는 사회적 억압을 이기는 수준을 넘어 범법적 에너지를 지닌 인물이 되기도 한다. 세계 곳곳을 여행하던 벨라가 돈을 벌기 위해, 성의 본질과 세상을 파악하기 위해 파리의 매음굴에 취업하면서부터다.

해외 선공개 직후부터 〈가여운 것들〉은 이 지점에서 많은 논란을 야기하기도 했다. 여성 신체를 착취하는 묘사가 많고, 이것이 캐릭터 자신의 해방과 크게 관계가 없다는 것이 핵심이다. 덩컨이 성노동을 하는 벨라에게 수치심을 주려 하자, 벨라가 "우리는 우리 자신의 생산 수단"이라는 말로 가뿐하게 덩컨의 말을 받아치는 대목도 논란의 여지가 있다. 마침 그때 벨라는 동료와 함께 사회주의자 모임에 가는 길이다.

섹슈얼리티를 통해 자기 해방을 찾는 19세기 여성의 이야기가 2020년대의 시대 풍경에서는 철 지난 논쟁일 수도 있을 것이다. 다만 중요한 것은 〈가여운 것들〉이 그리려 했던 벨라는 성적으로 착취되는 인물이 아니라 자기 판단과 수치심, 사회적 제약으로부터 벗어나 자신만의 성장을 일구는 여성이라는 점이다. 원할 때 언제든 육체적 쾌락을 추구하고, 거리낌 없이 먹고 마시고, 사회 통념에 비추어 '내가 무슨 짓을 한 거지'라고 매일 밤 반추하며 괴로워하지 않는 여성. 적어도 지금까지 이렇게 거침없이 자유로운 캐릭터를 본 적은 없다. 기실 벨라는 체면에 가려둔 모두의 욕망에 다름 아닐 수 있다.

〈가여운 것들〉을 본다는 것은, 벨라를 연기하는 엠마 스톤의 에너지에 압도당하는 경험이기도 하다. 작품의 제작자이기도 한 그는 자유의지와 본능과 성장을 마음껏 지향하며 스크린 속을 무질서하게 휘젓는다. 그 자유롭고 용맹한 모습은 어쩌면 그간 아름다운 외모의 여성 배우들에게 좀처럼 기대되지 않았던 종류의 것이다. 이를 지켜보는 쾌감은 결코 적지 않다.

수록 영화 정보

———— 애프터썬

개봉 2023년 | **국가** 영국
연출·각본 샬롯 웰스
출연 폴 메스칼, 프랭키 코리오
수입 그린나래미디어㈜
배급 그린나래미디어㈜, ㈜영화사 안다미로

———— 컴온 컴온

개봉 2022년 | **국가** 미국
연출·각본 마이크 밀스
출연 호아킨 피닉스, 우디 노먼, 가비 호프만
수입 찬란 **배급** ㈜스튜디오디에이치엘

———— 비밀의 언덕

개봉 2023년 | **국가** 한국
연출·각본 이지은
출연 문승아, 장선, 임선아
제작 오스프링 필름 **배급** ㈜엣나인필름

———— 워터 릴리스

개봉 2020년 | **국가** 프랑스
연출·각본 셀린 시아마
출연 아델 에넬, 폴린 아콰르, 루이즈 블라쉬르
수입 ㈜블루라벨픽쳐스 **배급** ㈜영화특별시 SMC

———— 쁘띠 마망

개봉 2021년 | **국가** 프랑스
연출·각본 셀린 시아마

출연 조세핀 산스, 가브리엘 산스
수입·배급 찬란

—— **드라이브 마이 카**

개봉 2021년 | **국가** 일본
연출·각본 하마구치 류스케
출연 니시지마 히데토시, 미우라 토코, 박유림
수입 ㈜영화사조아, ㈜트리플픽쳐스
배급 ㈜트리플픽쳐스

—— **강변의 무코리타**

개봉 2023년 | **국가** 일본
연출·각본 오기가미 나오코
출연 마츠야마 켄이치, 무로 츠요시, 미츠시마 히카리
수입 ㈜엔케이컨텐츠 **배급** ㈜디스테이션

—— **스즈메의 문단속**

개봉 2024년 | **국가** 일본
연출·각본 신카이 마코토
출연(목소리) 하라 나노카, 마츠무라 호쿠토
수입 ㈜미디어캐슬 **배급** ㈜쇼박스

—— **미나리**

개봉 2021년 | **국가** 미국
연출·각본 정이삭
출연 스티븐 연, 한예리, 윤여정, 앨런 킴
수입·배급 판씨네마㈜

—— **나의 올드 오크**

개봉 2024년 | **국가** 아일랜드
연출 켄 로치 | **각본** 폴 래버티
출연 데이브 터너, 에블라 마리 **수입·배급** ㈜영화사 진진

—— **본즈 앤 올**

개봉 2022년 | **국가** 미국
연출 루카 구아다니노

각본 데이비드 카이가니치, 카미유 드 안젤리스
출연 테일러 러셀, 티모시 샬라메, 마크 라이런스
수입·배급 워너브러더스 코리아㈜

——— **소울**

개봉 2021년 | **국가** 미국
연출 피트 닥터
각본 피트 닥터, 마이크 존스, 켐프 파워스, 티나 페이
출연(목소리) 제이미 폭스, 티나 페이
수입·배급 월트디즈니컴퍼니코리아

——— **박하경 여행기**

개봉 2023년 | **국가** 한국
연출 이종필 | **각본** 손미
출연 이나영
제작 더램프㈜ **제공** 웨이브(Wavve)

——— **틱, 틱... 붐!**

개봉 2021년 | **국가** 미국
연출 린-마누엘 미란다 | **각본** 스티븐 레븐슨
출연 앤드류 가필드, 알렉산드라 쉽, 로빈 드 지저스
제공 넷플릭스(Netflix)

——— **더 퍼스트 슬램덩크**

개봉 2023년 | **국가** 일본
연출·각본 이노우에 다케히코
출연(목소리) 키무라 스바루, 카미오 신이치로,
미야케 켄타, 나카무라 슈고, 카사마 준
수입 에스엠지홀딩스 주식회사
배급 ㈜넥스트엔터테인먼트월드

——— **탑건: 매버릭**

개봉 2022년 | **국가** 미국
연출 조셉 코신스키
각본 크리스토퍼 맥쿼리, 에런 크러거, 에릭 워런 싱어

출연 톰 크루즈, 마일즈 텔러, 제니퍼 코넬리
수입·배급 롯데엔터테인먼트

파벨만스

개봉 2023년 | **국가** 미국
연출 스티븐 스필버그 | **각본** 스티븐 스필버그, 토니 커시너
출연 가브리엘 라벨, 미셸 윌리엄스, 폴 다노, 세스 로건
수입·배급 CJ ENM

고양이를 부탁해

개봉 2001년 | **국가** 한국
연출 정재은 | **각본** 정재은, 박지성
출연 옥지영, 이요원, 배두나
제작 ㈜마술피리
배급 ㈜시네마서비스, ㈜엣나인필름(재개봉)

콩트가 시작된다

방송 2021년 | **국가** 일본
연출 이노마타 류이치, 카나이 히로시 | **각본** 카네코 시게키
출연 스다 마사키, 아리무라 카스미, 나카노 타이가,
카미키 류노스케, 후루카와 코토네
제작 닛폰 테레비

로봇 드림

개봉 2024년 | **국가** 스페인, 프랑스
연출 파블로 베르헤르
각본 파블로 베르헤르, 사라 바론(원작)
수입 ㈜영화사 진진
배급 ㈜영화사 진진, ㈜하이스트레인저

애스터로이드 시티

개봉 2023년 | **국가** 미국
연출·각본 웨스 앤더슨
출연 제이슨 슈워츠먼, 스칼렛 요한슨, 톰 행크스
수입·배급 유니버설 픽쳐스

우리가 사랑이라고 믿는 것

개봉 2022년 | **국가** 영국
연출·각본 윌리엄 니콜슨
출연 아네트 베닝, 빌 나이, 조시 오코너
수입·배급 ㈜티캐스트

정말 먼 곳

개봉 2021년 | **국가** 한국
연출·각본 박근영
출연 강길우, 홍경, 이상희, 기주봉
제작 봄내필름, ㈜찰나 **배급** 그린나래미디어㈜

너의 눈을 들여다보면

개봉 2023년 | **국가** 프랑스
연출 미야케 쇼 | **각본** 미야케 쇼, 사카이 마사아키
출연 키시이 유키노, 미우라 토모카즈, 미우라 마사키
수입·배급 ㈜디오시네마

헤어질 결심

개봉 2022년 | **국가** 한국
연출 박찬욱 | **각본** 정서경, 박찬욱
출연 박해일, 탕웨이, 이정현
제작 모호필름 **배급** CJ ENM

사랑할 땐 누구나 최악이 된다

개봉 2022년 | **국가** 노르웨이
연출 요아킴 트리에 | **각본** 요아킴 트리에, 에스킬 포그트
출연 레나테 레인스베, 앤더스 다니엘슨 라이, 헤르베르트 노르드룸
수입 그린나래미디어㈜
배급 그린나래미디어㈜, ㈜하이스트레인저

스펜서

개봉 2022년 | **국가** 영국, 미국
연출 파블로 라라인 | **각본** 스티븐 나이트
출연 크리스틴 스튜어트, 샐리 호킨스, 잭 파딩

수입 그린나래미디어㈜

배급 ㈜영화특별시 SMC, 그린나래미디어㈜

애프터 양

개봉 2022년 | **국가** 미국

연출·각본 코고나다

출연 콜린 파렐, 조디 터너 스미스, 저스틴 H. 민

수입 주식회사 왓챠

배급 ㈜영화특별시 SMC, 주식회사 왓챠

마스크걸

오픈 2023년 | **국가** 한국

연출·각본 김용훈

출연 고현정, 안재홍, 염혜란, 나나

제작 하우스 오브 임프레션, 본팩토리

제공 넷플릭스(Netflix)

다음 소희

개봉 2023년 | **국가** 한국

연출·각본 정주리

출연 김시은, 배두나

제작 트윈플러스파트너스㈜, 크랭크업필름㈜

배급 트윈플러스파트너스㈜

TAR 타르

개봉 2023년 | **국가** 미국

연출·각본 토드 필드

출연 케이트 블란쳇, 노에미 메를랑, 니나 호스

수입·배급 유니버설 픽쳐스

오펜하이머

개봉 2023년 | **국가** 미국

연출·각본 크리스토퍼 놀란

출연 킬리언 머피, 에밀리 블런트, 맷 데이먼,
로버트 다우니 주니어

수입·배급 유니버설 픽쳐스

———— **물방울을 그리는 남자**

개봉 2022년 | **국가** 한국
연출 김오안, 브리짓 부이요
출연 김창열
제작 ㈜미루픽처스 **배급** ㈜영화사 진진

———— **절해고도**

개봉 2023년 | **국가** 한국
연출·각본 김미영
출연 박종환, 이연, 강경헌
제작 보리와 오디 영화사 **배급** 무브먼트, 아이 엠

———— **괴물**

개봉 2023년 | **국가** 일본
연출 고레에다 히로카즈 | **각본** 사카모토 유지
출연 쿠로카와 소야, 히이라기 히나타, 안도 사쿠라
수입 ㈜미디어캐슬 **배급** ㈜넥스트엔터테인먼트월드

———— **여덟 개의 산**

개봉 2023년 | **국가** 이탈리아
연출·각본 펠릭스 반 그뢰닝엔, 샤를로트 반더히르미
출연 루카 마리넬리, 알레산드로 보르기
수입·배급 ㈜영화사 진진

———— **베이비 레인디어**

오픈 2024년 | **국가** 영국
크리에이터·각본 리처드 개드
출연 리처드 개드, 제시카 거닝, 나바 마우
제공 넷플릭스(Netflix)

———— **추락의 해부**

개봉 2024년 | **국가** 프랑스
연출 쥐스틴 트리에 | **각본** 쥐스틴 트리에, 아르튀르 아라리
출연 산드라 휠러, 스완 아르라우드, 밀로 마차도 그라너

수입 그린나래미디어㈜ **배급** ㈜스튜디오디에이치엘

존 오브 인터레스트

개봉 2024년 | **국가** 미국
연출·각본 조나단 글레이저
출연 크리스티안 프리에델, 산드라 휠러
수입 찬란 | **배급** TCO(주)더콘텐츠온

아네트

개봉 2021년 | **국가** 프랑스
연출 레오 카락스 | **각본** 러셀 마엘, 론 마엘, 레오 카락스
출연 아담 드라이버, 마리옹 꼬띠아르
수입 주식회사 왓챠
배급 그린나래미디어㈜, 주식회사 왓챠

우연과 상상

개봉 2022년 | **국가** 일본
연출·각본 하마구치 류스케
출연 후루카와 코토네, 현리, 나카지마 아유무
수입 그린나래미디어㈜
배급 그린나래미디어㈜, ㈜영화사 안다미로

보 이즈 어프레이드

개봉 2023년 | **국가** 미국
연출·각본 아리 애스터
출연 호아킨 피닉스, 네이선 레인, 아르멘 나하페티안
수입 ㈜싸이더스 **배급** ㈜스튜디오디에이치엘

운디네

개봉 2020년 | **국가** 독일
연출·각본 크리스티안 페촐트
출연 파울라 베어, 프란츠 로고스키
수입·배급 엠엔엠인터내셔널㈜

프렌치 디스패치

개봉 2021년 | **국가** 미국

연출·각본 웨스 앤더슨
출연 틸다 스윈튼, 프랜시스 맥도먼드, 빌 머레이,
애드리언 브로디
수입·배급 월트디즈니컴퍼니코리아

거미집

개봉 2023년 | **국가** 한국
연출 김지운 | **각본** 신연식
출연 송강호, 임수정, 오정세, 전여빈, 정수정
제작 앤솔로지스튜디오㈜, ㈜바른손스튜디오,
㈜루스이소니도스
배급 ㈜바른손이앤에이

글리치

오픈 2022년 | **국가** 한국
연출 노덕 | **각본** 진한새
출연 전여빈, 나나
제작 Studio 329 **제공** 넷플릭스(Netflix)

돈 룩 업

개봉 2021년 | **국가** 미국
연출·각본 아담 맥케이
출연 레오나르도 디카프리오, 제니퍼 로렌스,
케이트 블란쳇, 메릴 스트립
제공 넷플릭스(Netflix)

놉

개봉 2022년 | **국가** 미국
연출·각본 조던 필
출연 대니얼 컬루야, 케케 파머, 스티븐 연
수입·배급 유니버설 픽쳐스

콘크리트 유토피아

개봉 2023년 | **국가** 한국
연출 엄태화 | **각본** 이신지, 엄태화

출연 이병헌, 박서준, 박보영, 김선영
제작 클라이맥스 스튜디오, BH엔터테인먼트
배급 롯데엔터테인먼트

에브리씽 에브리웨어 올 앳 원스

개봉 2023년 | **국가** 미국
연출·각본 다니엘 콴, 다니엘 셰이너트
출연 양자경, 스테파니 수, 키 호이 콴, 제이미 리 커티스
수입 ㈜더쿱디스트리뷰션 **배급** 워터홀컴퍼니㈜

보건교사 안은영

오픈 2020년 | **국가** 한국
연출 이경미 | **각본** 정세랑, 이경미
출연 정유미, 남주혁
제작 키이스트 **제공** 넷플릭스(Netflix)

웬즈데이

오픈 2022년 | **국가** 미국
연출 팀 버튼 | **각본** 알프레드 고프, 마일즈 밀러
출연 제나 오르테가, 루이스 구스만, 캐서린 지타존스
제공 넷플릭스(Netflix)

길복순

오픈 2023년 | **국가** 한국
연출·각본 변성현
출연 전도연, 설경구, 김시아
제작 씨앗필름 **제공** 넷플릭스(Netflix)

LTNS

오픈 2024년 | **국가** 한국
연출·각본 프리티빅브라더(전고운, 임대형)
출연 이솜, 안재홍
제작 바른손스튜디오, 엘티엔에스 문화산업전문유한회사
제공 티빙(TVING)

듄

개봉 2021년 | **국가** 미국
연출 드니 빌뇌브
각본 존 스페이츠, 드니 빌뇌브, 에릭 로스, 프랭크 허버트(원작)
출연 티모시 샬라메, 젠데이아, 레베카 퍼거슨
수입·배급 워너브러더스 코리아㈜

듄: 파트2

개봉 2024년 | **국가** 미국
연출 드니 빌뇌브
각본 존 스파이츠, 드니 빌뇌브, 프랭크 허버트(원작)
출연 티모시 샬라메, 젠데이아, 레베카 퍼거슨
수입·배급 워너브러더스 코리아㈜

가여운 것들

개봉 2024년 | **국가** 미국
연출 요르고스 란티모스 | **각본** 토니 맥너마라
출연 엠마 스톤, 마크 러팔로, 윌렘 대포, 라미 유세프
수입·배급 월트디즈니컴퍼니코리아